先入観はウソをつく

常識や定説を疑い柔軟な発想を生む方法

武田邦彦

SB新書
383

先入観はウソをつく　目次

第3章 日本人が陥りやすい科学の間違った先入観

第4章 マスコミや専門家の言うことに疑う癖をもつ

プロローグ

根拠なき先入観に騙される現代人

詐欺師にわざわざ騙される人たち

私たちが生きている社会は、いつの世にも必ず詐欺師と呼ばれる人たちが存在します。詐欺師の特徴としては、物腰が柔らかく、笑顔が人懐っこい。あるいは、言っていることも理にかなっていて、疑う余地がないなど「社会的に信用できる人」という印象が強いものです。

たとえばそれが近所に住んでいる人でしたら、毎朝顔を合わせて挨拶する程度の関係ながらも、パリッとしたスーツを着こなし、笑顔で応対してくれようものなら、「紳士的な人だな」と思うようになったって不思議なことではありません。そうして徐々に会話を増やしていき、仲良くなっていくと、「この人のことを信用しよう」と心を許していってしまうものです。

そうした人と少しずつ信頼関係を深めていったある日、

「この話は投資として非常に有益なんですよ。信頼できるあなただからこそ、お話ししたんです」

こうしたお金儲けにまつわる提案を突然されたら、あなたならどう判断しますか？

いくら信用できそうな人であっても、お金が絡んでくる話ともなれば慎重に考えていくはずです。そこで、あなた自身が疑問に感じていることを、相手に質問をぶつけてみることだってあるでしょう。

けれども、どんなに辛辣《しんらつ》な質問を投げかけても、相手は困った顔を一つもせずに、柔和な笑顔で、「そうですよね、こんな話を突然されたら驚いてしまいますよね」と返されてしまうと、「なんだ、あまり疑う必要がないのかな」と、少し気を許してしまうものです。

もちろんこれだけで疑問が氷解するわけではありません。「そんなに儲かるというのなら、あなたがやればいいのに」と突っ込んで聞きたくなる気持ちもないわけではないのですが、投資という大義名分ながらも提示してきた金額が驚くほど多くなく、決して生活を破綻《はたん》するまでには至らないことを考えれば、「私のためを思って言ってくれているんだ」という相手の言葉を好意的に受け止め、「この人だったら間違いない。信頼して預けてみよう」と思ってしまうかもしれません。

そう決断すれば話は早いもので、相手の言うがままに契約書にサインをしたり、あるいはお金を預け、「絶対に将来の投資になりますからね」などと念を押すように言われれば、もう心配する必要はないなどと、確信してしまうことでしょう。

ところが、来る日も来る日も連絡がなく、最終的には電話、メール、ＦＡＸと、ありとあらゆる通信手段での連絡が不能となり、しまいには名刺に書かれていた住所を訪ねてみたら、誰もいなかった……というのが詐欺の典型ともいえます。

詐欺師は高学歴の学者にもいる

かつての詐欺師といえば、「儲け話」を得意とする輩が多くいました。古くは１９７０年代の「天下一家の会事件」、80年代には世間の注目を浴びた「豊田商事事件」、もちろんこれ以後も個人をターゲットにした詐欺事件は、枚挙に暇《いとま》がないほど数多くありました。

ところが、２０１７年になった今、詐欺師は何も儲け話に限らなくなってきました。困ったことに、テレビに出ている高学歴の学者が、さも当然のようなしたり顔で平気でウソをつくわけですから、開いた口が塞がりません。

具体的に申し上げますと、東日本大震災後にやたらと出てきた原発に詳しいとされる識者や、地震を研究している学者などがこれに当てはまるのです。

たとえば震災直後に起きた原発事故で世間が大騒ぎとなっているときに、「放射性物質が空気中に放出されても、人体には直ちに影響がありませんから、みなさん不安にならないでください」

　とテレビの向こうから、時折笑みを浮かべながら話す者もいれば、表情一つ変えずに淡々と話す者もおりました。「あの人は東大を出ている立派な人だから」という理由で信用したくなる気持ちもわからなくもありません。けれども私に言わせれば、先にお話ししたお金儲けに関する話と一緒で信用できないのですから、ここで登場した学者だって彼らと変わらない詐欺師なわけです。

　この場合ですと、「直ちに影響がない」だけであって、言い換えれば「人体に何らかの影響が出ないとも限らない」ともとらえられます。つまり、5年、10年と長期的なスパンで見ていったら、原発事故による何らかの後遺症を発症することだって十分に考えられるのです。

　最近のテレビや新聞、ラジオなどではあまり報じられていませんが、福島の子どもたちの甲状腺ガンの発症が軒並み増加しています。残念なことにこの事実を、国は認めようとしていません。それどころか、「悪性ないしは『悪性の疑い』」という言葉を使って、甲状腺ガンでない子どもたちもこの中に含まれるように書くことで、１９８６年４月に当時のソ連で起こったチェルノブイリ原発事故との比較を困難にしているのです。

「東海地震が来るぞ」と言い続けて、結局来ていない現実

さらにいえば、原発事故後の放射性物質の問題同様、地震学の権威と言われている学者たちも同じです。かつて１９７０年代から「東海地震がいずれやってくる」と騒ぎだし、「80年代から90年代にかけて、駿河湾周辺を震源としたマグニチュード８クラスの大地震が襲って、首都圏の機能はマヒしてしまう」などと、多くの人々を慌てさせました。とくに80年代あたりになると、20世紀の終わりに近づいていくことから、「ノストラダムスも地球が滅亡すると予言していたし、日本だって例外じゃないよな」と不安になったという人もさぞかし多かったのではないかと思います。

ところが、実際は東海地震はやってきませんでした。それどころか、大地震とは無縁と思われていた近畿地方に１９９５年1月、マグニチュード７・３、最大震度７を観測した阪神・淡路大震災が発生し、その後も２００４年10月にはマグニチュード６・８、最大震度７の新潟県中越地震、２００７年７月にはマグニチュード６・８、最大震度６強の新潟県中越沖地震、２０１１年３月にはマグニチュード９・０、最大震度７の東日本大震災、そして２０１６年の４月に起きたマグニチュード７・３、最大震度７の熊本地震と、いず

れの地震も誰もが予想だにしていない地域で起こったのです。

　これらの事実を目のあたりにして、はたして地震学者は何というのでしょうか？　答えは簡単、「私たちが研究している活断層とは違う地域で起こった地震だった」とあたかも開き直ったかのように、平然とこう発言する姿が容易に想像できます。

　しかし、私たちからすれば他人ごとではありません。「ひょっとしたら私たちの住んでいる地域で大地震が起こるかもしれない」、そう考えたくもなるでしょうし、あらかじめ地震が来ることが予知されていれば、今住んでいる地域から引っ越すことだって真剣に議論しなければならないかもしれません。

　しかし、２０１６年４月に起きた熊本地震は、政府が作成したハザードマップでは、「大地震の来る確率が８％」と明記されていたのです。これは横浜市の78％、千葉市の73％、高知市の70％などと比べると、大幅に低いことがわかります。

「大地震が起きる確率が８％」などと言われたら、みなさんはどう考えるでしょうか？　普通でしたら、「そうか、だったら大地震は来ないな」と安心はすれども、「たいへんだ、万が一のために食糧を確保して、家族で避難できる場所も確認しておかなければいけない」などと慌てることはないはずです。けれども結果的には、私たちの想像をはるかに超える大地震が熊本で起きてしまいました。

昨年の今頃、はたして「九州地方に大地震が来る」と予言した地震学者はいたでしょうか？　そう聞かれれば、もちろんいません。では東海地震はやってこないのかといえば、未来永劫やってこないなどとは言えません。ただ、10年、20年、30年と中長期的に見て東海地震の確率が高いか低いかを判断するとなると、「ある」とは断言せずに、「その可能性が高い」と曖昧な表現で返答する学者が多いはずです。

しかし、これとて「東海地震が来るかもしれない」という確率の問題であって、絶対に来るというわけではありません。だからこそ、地震学者の言葉を鵜呑みにせずに、「東海地震はいずれ来る」と予防線を張っておくにとどめ、万が一、大地震が起きたときには、家族がどこに避難すればいいのか、自宅のタンスなどの家具や冷蔵庫が倒れないようにするにはどうすればいいのかといった、身近な対策をしておくことが大切なのです。

「国がある限り年金制度は崩壊しない」は正しいか？

「会社を定年退職して、65歳になったら年金はもらえるんだ」

今、30～40代の人が、自分たちのお父さんやお母さんが年金をもらっている姿を見ると、そう考えても不思議ではないかもしれません。戦中、もしくは戦後まもない頃に生まれ育ち、高度経済成長期を経て、結婚をして、出産、育児をしながらも、お父さんは来る日も来る日も汗水たらして働いていたのですから、その報いともいえるのが年金制度なのかもしれません。

ところが、今から20～30年後も、果たしてお父さんやお母さんと同じように年金はもらえるのでしょうか？　残念ながらこれについては「ＮＯ」としか言えません。

これまでの年金は「積み立て型年金」といって、本人が年金を積み立てて、60歳なり65歳なり、しかるべき年齢が来たら年金をもらうという方式でした。しかし、積み立て型の年金は破綻し、いつしか若い人がせっせと年金を払って、高齢者がもらうという「賦課《ふか》型年金」へと変わってしまったのです。

こうした状況に変貌してしまったのもある意味、仕方がありません。年金制度が発足した１９６０年代後半は、戦後の第一次ベビーブームで生まれた子どもたちが成人し、そして社会に出て企業戦士として働き始めた時期だったわけですが、世の中に目を向けるとお年寄りよりも若い人のほうが多くいました。

当時の日本の人口分布は、赤ちゃんが１００万人いて、年齢が少しずつ上がっていくと人数が減っていき、40歳の人口は赤ちゃんの半分以下でした。そのため、人口分布図で示していくと、ちょうどピラミッドの形と同じ三角形になったのです。そうなれば、「今、一生懸命働いて、自分が定年になったら年金が支給されるんだ！」と、当時の若い会社勤めの人たちは、おぼろげながらも自身の未来図を描いていたっておかしな話ではありません。

ところが、事態が大きく変わったのは、日本人の平均寿命がグングン伸びてきた１９８０年代あたりからです。戦後、そして高度経済成長期と比べて医療技術が発達し、また栄養価の高い食べ物を、庶民が気軽に購入できる値段で食べられるようになったこと、さらには昔に比べて住環境の設備が整い、エアコンなどの電化製品を使って夏は涼しく、冬は暖かく過ごせるようになったことなどが、高齢者の寿命が延びた要因として挙げられます。

そのうえ、１９８６年4月に男女雇用機会均等法が施行されると、子どもの数が徐々に減っていき、今では1人の女性が何人の子どもを産むかという合計特殊出生率が1・46、出生数は１００万５６５６人（２０１5年の結果）となっている一方で、65歳以上の高齢者の数は、３３９５万人で総人口に占める割合は26％となっています（２０１5年9月15日現在推計）。

その結果、子どもの数よりも高齢者の数が増えていくのは日の目を見るより明らかなわけですから、年金制度が施行された当初とは状況が違ってきて当然ともいえるのです。

もし年金制度が施行された当時のように、ピラミッド型の分布図をもう一度作って、「年金を65歳からシッカリもらいたい」とするならば、太平洋戦争中の日本の政策と同様に、「産めよ増やせよ」で女性が子どもをたくさん産み育て、30年後くらいの日本の人口が4億～5億人くらいになるようにしなければ成立しません。

けれども、現実化するにはかなり無理があります。東京都内の保育園は、待機児童の問題を抱えており、「子どもをたくさん産んでもお金はたいして稼げないし、時間のやりくりに苦労して、育てるだけでたいへんだ」と考えてしまうでしょうから、30年後の日本の人口が4～5億人に達すれば、日本の年金問題は解決するというのは、現実味に欠けた話として終わってしまいます。

では現在の子どもの出生数と65歳以上の高齢者の数から察するに、将来はどういう人口分布が予想されるかといえば、長方形のような形です。そうなれば賦課型年金だっていずれ破綻してしまうことが予想されます。今のままですと、年金問題は慢性の持病のように、年を追うごとに深刻化してくると見て間違いないでしょう。

「大丈夫と思いたい」心理がもたらす先入観

「この人はいい人そうで安心できるから、お金を預けてもいいだろう」

「あの人は東大を出ている人だから、言っていることはたしかだろう」

「私の住んでいるところは、ハザードマップで大地震が来る確率が低いから大丈夫だろう」


これはすべて「○○だろう」「○○である」という先入観からとらえられていることです。先入観という言葉を辞書で引くと、

「前もって抱いている固定的な観念。それによって自由な思考が妨げられる場合にいう」

と書かれています。つまり、人は先入観があるばかりに、物事をそれだけで判断してしまうということが、日常生活のなかで多々あるのです。


もちろん先入観は悪いことばかりではありません。たとえば朝、洗面所に行って顔を洗おうとして部屋のドアを開けようとした際、無意識のうちにドアノブをひねりますが、これとて先入観なのです。みなさんはお気づきになられていないでしょうが、過去にドアを開けた経験があるゆえに、「どうすれば開けられるんだろう？」と、脳が考える必要がな

いからです。

人間の脳は、朝起きてから夜寝るまでの間に、膨大な情報を脳内で処理し、選択と決断を繰り返し、必要な情報だけをインプットしています。情報処理するだけで人は多くのエネルギーを使い、消費しますから、脳が容量オーバーしないようにするために、人は先入観を持つようにできているのです。

当然ですが、人生の経験値が多い分、先入観は子どもより大人のほうが多くなります。それだけに年をとるにつれ、頭が固くなると言われますし、反対に子どもほど「考え方が柔軟だ」と思われるのは、先入観が少ないからです。

ただし、経験を重ねることで得た知識というのは重要で、前に失敗したことを踏まえて「次はこうやろう」と軌道修正してうまくいくことだって往々にしてありますし、それによって生きていくうえで損をすることが少なくなってくるのもまた事実なのです。

それだけに「大人のほうがよい判断をしてほしい」という願望はあるのですが、現実を見ていくとすべてうまくいっているわけではありません。どんな大人でも先入観が先に働いて失敗することは日常生活においてしばしば見受けられます。先にお話しした日常のドアノブをひねることではなく、もっと大局的な判断を迫られたとき、お金儲けや原発事故、地震予知にまつわることなど、事が大きくなればなるほど、先入観が邪魔することだってあるのです。

では先入観を作り出してしまっている要因として考えられることは何でしょうか？

答えは単純で、みんな「正しいと思い込みたい」からです。先に挙げた例で言えば、次のようになります。

・「お金が倍になりますよ」→心の奥底では「お金儲けをしてみたい」
・「原発事故でもただちに影響はない」→心の中では「安全であると信じたい」
・「東海地震はいずれやってくる」→不安だからこそ、「地震を予知したい」
・「65歳になったら年金はもらえる」→親のように「年金をもらえるようにしたい」

このように「○○したい」と希望を持ち、「だから大丈夫」だと思いたいからこそ、先入観によって願望を満たそうとしているのではないかと、私は分析しています。

この「先入観」という言葉、これまで環境や健康にまつわる問題をテーマにした本を数多く出版してきた私からすれば、今回はいささか異なる視点のテーマに思えるかもしれません。しかし、私がこれまで警鐘を鳴らしてきた環境問題だって、考え方の根底には多くの人たちの先入観にうまくコントロールされてこその結果ですし、その先入観を作り出した原因を突き詰めることこそが、事の本質を知る大きなカギになるわけです。

人の欲望が先入観を作り出してしまうのか、あるいは、人の心を曇らせてしまうから先入観を持ってしまうものなのか。そのあたりを分析し、よい先入観や悪い先入観の持つ場合や、悪い先入観を取り除く方法はあるのかなどについて、さまざまなケーススタディを用いながらお話を進めていきたいと思います。

第１章

必要でもあり妨げにもなる「先入観」の正体

降水確率20%でも雨が降る理由

つい最近、私がなじみの居酒屋で仲間と話していたときのこと。いつしか天気の話題になり、お店の常連客であるTさんが、こんな話をしておられました。

「ここ数年の天気はさっぱりわからないですよね。ある日、天気予報を見ていたら、『降水確率が50%』というので、折り畳みの傘をカバンのなかに入れていたのですが、結局、その日は一日を通して雨が降ることが一度もなかったんです。

そうかといって、ある日の天気予報では『降水確率が20%』と言っていたので、雨具を一切用意せずに会社に行ったら、夕方遅くになってから突然激しい雨に見舞われてしまいました。それがちょうど帰宅時間と重なったものですから、慌ててコンビニに駆け込んで傘を買おうとしたのですが、みんな私と同じ考えだったようで、一本も残っていなかったんです。最寄りの駅についても雨が止む気配がなく、またコンビニを覗いたらやはり傘が売り切れていたものですから、私は泣く泣くスーツをずぶ濡れにして帰宅したんです」

なるほど、えらく大変な目に遭われたなとTさんに同情したくなります。それに「降水確率が高ければ雨が降り、低ければ降らない」。こう考える人はTさんならずとも、世間の多くの人はそう思っているのではないでしょうか。

ところが、これは大きな誤解です。降水確率というのは簡単に言うと、「同気象条件での過去の雨の実績」から算出されたもの、つまり、同じ気象条件のときに過去にどのくらいの雨が降ったのか、その実績を基に今後、何％くらいの降水が予想されるかを算出しているに過ぎないのです。

たとえば、「東京で降水確率が50％」と言ったのであれば、「東京都内のどこかで100回予報が出されたときに50回は1ミリ以上の雨が降っている」という意味なのです。降水確率でよく勘違いされてしまうのは、「降水確率が高いと大雨が降る」と思ってしまうことです。実は降水確率の高さと雨の量はまったく関係なくて、「1ミリ以上の雨が降ること」を前提としています。ですから降水確率が100％の場合だと、100ミリ前後の大雨が降らなくても、1ミリ以上の雨が降ったら、その予報は当たったことになります。

さらに言えば、今、みなさんがいる場所で雨が降っていなくても、わずか2〜3㎞離れた場所でも降水が観測されたのならば、「同じ予報区域内で雨が観測された」と判断されるのです。そうなると、自分のいる場所で雨が降らなかったから「予報が外れた」とは言えず、雨が降ったとされてしまいます。

ここまでお読みになられた人は、もうお気づきかもしれませんが、「降水確率が高いと大雨が降る」というのは先入観であり、「降水確率が高いと1ミリ以上の雨が降りやすくなる」というのが正しい答えなのです。

プロローグでも触れましたが、この先入観というやっかいな状態は、他でもないみなさんの脳内で作り出されています。それではどうやって先入観が作り出されていったのか、そのプロセスについて順を追って見ていくことにします。

先入観を子どもに最初に植え付ける親

私たちが生きていくうえで、先入観は必要不可欠なものですが、そもそも先入観を得る最初のところはどこだったのかと言えば、ズバリ幼少期のときまでさかのぼります。「オギャー」と産声を上げてから、物心がついてきますと、お母さんがいろいろと教えてくれます。

「このおもちゃはこうやって遊ぶのよ」

「これは食べ物じゃないから口の中に入れちゃだめよ」

というように、日常生活で必要な物事を一つひとつ丁寧に教えてくれます。

もちろんこれは、人間として成長していくうえで非常に大切なことです。こうした基本的な知識を得なければ行動することができません。つまり、人と話すことができなければ、ご飯を食べることも外を歩くことすらできないわけですから、お母さんがわが子に最初にしてあげることは、話をしたり、食べたり、歩いたり、はたまたトイレの使い方にいたるまで、人間として生きていくための必要な知識を少しずつ、ジックリと与えていくのです。

そして会話、食事、トイレはすべてお母さんがわが子に教えてあげることができますから、この時点ですべて教え終えられてしまうのであれば、先入観は生まれてきません。けれども、「立派な大人になってほしい」と願うのは、お母さんとして当然のことです。

そこでお母さんは外に出て、子どもにいろいろなことを伝えていきます。

「目の前に走っているのは自動車で、あの大きな乗り物はバスといって、お金を払えば誰でも乗れるのよ」

「これは信号で、歩行者のところが青だと渡っていいけど、赤の場合は渡ってはいけないのよ」

などと高度なことを少しずつ教えていくのです。これはつまり、お母さんの先入観を子どもに移しているとも言い換えられます。これは、「ミラーニューロン」の果たす役割が大きいのです。

ミラーニューロンは聞き慣れない言葉かもしれませんが、脳にある神経細胞で、「共感する細胞」とも呼ばれています。たとえばテレビドラマを見ていて、悲しいシーンがあったとします。それは現実ではなく演技であるにもかかわらず、感情が高ぶって泣いてしまったというご経験をお持ちの人もいるでしょう。また、野球やサッカーなどを見ていて、手に汗握る大事な場面が訪れて、知らず知らずのうちに興奮していることだってあるでしょう。これらすべてがミラーニューロンの働きによるものなのです。つまり、実際に自分自身が体験していなくても、それを見ただけで、ミラーニューロンが活性化されて、脳の中で目の前の事象と同じように再現します。

たとえばまったく違う家庭環境で育った男性と女性が結婚して、夫婦生活を長く続けていると、お互いの顔が似てくることがありますが、これもミラーニューロンによるものだと言われています。その他にも愚痴をこぼしたり、人の悪口を言いふらしたり、ネガティブな話ばかりしている人と多くの時間を過ごしていると、ミラーニューロンによって伝染し、悪い影響を受けます。

そうなるとどういった人と多くいるのがよいか。答えは明白で、仕事でうまくいっている人、あるいは普段からニコニコしている穏やかな人と一緒にいる時間が長ければ長いほど、そうした人たちの行動や思考が伝染していくわけですから、日常生活のなかで接するすべてのものが、ミラーニューロンを活性化させるというわけです。

先入観が作り出した日本人の気質

昔から言われる日本人の気質というのは、ミラーニューロンの理論に則って考えていくと、次の二つが当てはまると言われています。

①お母さんが「これは○○なのよ」というように、子どもに直接教えること
②お母さんが前掲①のように教える基本には、日本の近世の歴史（100～200年くらい）のなかで知らず知らずのうちに、お母さんの頭の中に情報として入っている

脳のもともとの神経細胞の結合方式が、日本人として覚えなければならないことを覚えやすいような配置になっているという学問的考え方を、ミラーニューロンが作り出していると考えるわけです。つまり、お母さんと子どもの脳の構造自身がミラー（鏡）になって

いて、お母さんの言うことを子どもが理解できるような素地ができてくるのです。

そうすると、私たちはお母さんから身近なことを一つひとつ教わることで知識をつけ、生きていくうえで大事な基盤を与えてもらうことはできるのですが、それと同時にここ100〜200年くらいでできあがってしまっている日本人の持っている先入観を、生まれてから3〜4歳までの間にガッチリと頭の中にインプットしていくわけです。「三つ子の魂百まで」とはよく言ったもので、人間の認識の基礎になる部分はこの時期に形成されていきます。

ちなみに日本人と外国人との間で国際結婚をすると、生活様式から考え方に至るまでがまったく違うということで、トラブルが起きることもしばしば見受けられますが、それはこの時期に司られた先入観によって、お互いが「違う。そうじゃない」と拒否し、抵抗し合うことから諍《いさか》いが起きてしまうのです。

ただし、こうした考え方の相違は、ある方法によって解決していきます。その方法については、後ほどお話ししたいと思います。

学校の先生が先入観をさらに植え付ける

さらに子どもが成長していくと、やがて小学校に入学します。日本の教育は服従型の教えをよしとしています。学校では「先生の言うことをキチンと聞いて学びなさい」というシステムが当たり前とされていますから、たとえばA、B、C、Dのどれかを選ばなければならなくなった際、先生が「Aが正しい」と言えばAを、「Bが正しい」と言えばBを選択し、それ以外の答えは間違っているとなるわけです。こうした教えを日本ではよしとし、徹底的に子どもたちに植え付けさせます。

日本でこうした教育しか受けていない人は、「当たり前じゃないか」とお思いかもしれませんが、実は日本のような服従型の教育システムは発展途上国に限られており、先進国の教育はまったく違います。たとえば歴史の授業を教えていて、偉人の人物像を先生なりにひとしきり話し終えた後に、

「先生はこう思うのだけど、みんなはどうかな？」

と子どもたちに聞きます。こうした対話型の授業ですと、先入観を強く持つこともなく、大脳がおのずと「先入観の詰まっている部分」と「自分で考える部分」の二つの空間を作り出すことができるのです。けれども、日本のような服従型の教育を小学校から高校、大学を卒業するまでの12〜16年も受けますと、頭の中はすっかり先入観の塊となってしまい

ます。

これに加えて、テレビや新聞、雑誌、インターネットなどでマスコミも含めたさまざまな情報を、身近なところから耳にします。とくにマスコミは服従型の教育の成果が出る最たる機関、つまり広く多くの人に先入観を与えるやっかいな媒体です。

たとえば、テレビのニュースで台風情報を中継したとしましょう。このとき雨と風の状況や、今後の進路を伝えて最後には必ず、「できるだけ外出は控えてください」「河川の氾濫には十分気をつけてください」などと注意喚起をするはずです。

しかし、「○○だから注意してください」というのはテレビを通じて服従を求めているものであり、本来、注意するかどうかは台風情報を見た視聴者の判断に委ねるべきなのです。

テレビニュースのアナウンサーと、テレビの向こう側にいる視聴者のどちらに判断力があるかを一切無視してしまい、「服従させるための情報」をテレビで流し続けた結果、20歳頃になると先入観の塊となってしまうのです。日本のような民主主義国家であっても、あるいは「個人の考え方を尊重する」とどんなにそう主張しても、お母さん、学校の先生、マスコミと、育っていく過程の中で「服従の原則に基づく教育」を受けてきています。その結果、頭のなかは先入観できあがってしまっているというわけです。

ですから相手から何か意見を言われようものなら、まずは「お母さんが教えてくれたことかどうか」をチェックし、次いで「学校の先生が教えてくれたことかどうか」をチェックする。最後にマスコミ、とくに公共の福祉と文化の向上に寄与することを目的に設立された公共放送事業体とされるＮＨＫが私たちを洗脳したのかどうか、この三つをチェックすれば、あなた自身が先入観に浸食されているかどうかの判断が下しやすいのです。

民主主義を志向しながら民主主義的な考え方ができない理由

最近はインターネットで何か人と違う意見を言おうものなら、すぐにバッシングされてしまう風潮にありますが、私からすれば寛容さに欠ける今の世の中に対し、「とんでもない世の中になったもんだ」と不安を感じています。

また、何人かで面と向かって議論していても、相手が自分の考えと違う意見を言おうものなら、即座に「いや、それは違いますよ」と否定する人も多く見受けられます。

それではどうしてこうした人たちは「違う」と否定するのか。答えは単純明快で、人間は一人ひとり考え方が違いますから、ＡとＢのどちらかを選択しなければならないときに、ある人は「Aである」と言っても、他の人は「いやBですよ」という意見が出ても、おかしなことではないのです。

ところが、多くの日本人は「自分の意見こそが正しいんだ」と思っているフシがあります。頭のなかでは「一つの意見だけで物事を決めるのではなく、いろいろな意見が出されて議論され尽くした結果、最終的に決めるのがいい」と考えていたり、あるいはそう答えていながらも、本当に民主主義がいいか、あるいは多様性が尊重されるべきかは、ジックリ考えるまでには至っておりません。その結果、「AとBのどちらを選択すべきか」の判断を委ねられると衝突してしまうというわけです。

民主主義とは本来、「人の意見が自分の考えとは違うこと」を前提に成り立つものです。ですから選挙で投票したり、意見を議論したりするわけですが、多くの日本人は自分が考えもしない意見を言われると、「それは私と違う」と真っ向から否定したり、あるいは相手をひどく傷つけるほどバッシングしたりと、ともすると否定だけではなく人格批判まで行ってしまう傾向にあります。これも自分自身で小さい頃から植えつけられた先入観によって、「正しい」「違う」を判断させられた結果であるのです。

「そうなってしまったら、人の考え方なんて簡単に変わるものではないから仕方ないじゃないか」とお思いの人もいるかもしれませんが、「仕方ない」のひとことで終わらせるのではなく、キチンとトレーニングをすれば解決する方法があるのです。今、あなた自身の頭のなかは、お母さん、学校の先生、マスコミ（とくにＮＨＫ）から教えられたことで満たされています。そうした考え方を、次にお話しする方法で少しずつ変えていくのです。

「受け入れ箱」「比較箱」を作ることが先入観を外す近道

これはあくまでもイメージなのですが、大脳のなかにある「今まで教えられた知識」、あるいは「過去に経験した知識」を１００％だとしたら、それを80％くらいにとどめて、残り20％の空いた場所ができるようにします。そして20％のうちの10％分を「受け入れ箱」、残り10％を「比較箱」として脳内に新たに作ります。

まず知っておかなければならないのは、「今まで教えられた知識」というのが先入観なわけですが、これがないと生活できません。冒頭にお話ししたドアノブの例もそうですし、信号が青になれば「進む」、赤になったら「止まる」というのは、過去に経験した知識があってのものです。そこで、「今まで教えられた知識」は少し減らし、それでも80％くらいはあったほうがよいかと思います。

そして、ここで言う「受け入れ箱」というのは、相手の意見を素直に受け止めることです。自分が主張する意見以外、受け入れられないというのではあまりにも狭量すぎますし、「あの人は偏屈な人だ」と思われてしまう一方、こうした発想を持ち続けていたからこそ、自分の人生を守ってこられたとも考えられます。

つまり、自分にとって都合のいいことは理解しようと思っても、そうでないことは自己防衛をする形で相手の意見を自ら遮断してしまいがちです。ですから「受け入れ箱」を作っておけば、自分にとって肯定的、あるいは否定的な意見のどちらも聞く耳を持つことができるというのが、先入観を極力なくす最良の方法であると私は考えついたのです。

このとき大切なのは、たとえ相手があなたにとって否定的な意見を主張していたとしても、そこで話を遮るのではなく、また同意するわけでもなく、相手が何を言おうとしているのか理解することです。そしていったん受け入れた後、少し時間を置いてから、たとえば翌日の通勤電車の車内でも構わないのですが、「昨日聞いた自分の意見とは違う話を、受け入れ箱から取り出して、自分が今まで培ってきた知識、つまり先入観を取り出し、それを「比較箱」に入れて「昨日言っていたことは、どういう意味だったのか？」と比較してみるのです。

たとえば、ある人が「タバコを吸うと肺ガンになる」と言ったとしましょう。多くの人、極端に言えばほぼ100％の人が、「タバコを吸ったら肺ガンになるのは当たり前じゃないか」と思うかもしれません。

ところが、「タバコを吸っても肺ガンにならない」と言ったらどうでしょうか。たいていの人は、「そんなはずないでしょう。タバコを吸ったら肺ガンになるって、昔から言われているじゃないですか」「タバコを吸っても肺ガンにならないなんて聞いたことがないし、デタラメな話じゃないですか」と否定的になるはずです。もっと言えば、「タバコを吸って肺ガンになるかならないかはさておき、私はあのモクモクとした煙とその臭いがダメなんです」と訴えかける人だっているかもしれません。

それではこうした人たちと対話するにはどうすればいいのか。具体例を挙げて説明していきます。

例「タバコを吸っても肺ガンにならない」というテーマの際の会話

登場人物　武田（著者）、Aさん（タバコを吸わない）、Bさん（タバコを吸う）

Aさん「私はタバコが苦手なんです。何と言ってもあの煙の臭い。私はどうも慣れないですね」

Bさん「私はタバコを吸ってかれこれ20年以上経ちます。初めて吸ったのが大学生のときでしたが、私はタバコを吸い始めた当初から、煙や臭いは好きなほうだったので気になりませんでした」

Aさん「でもタバコを吸い過ぎると肺ガンになるんですよね……」

Bさん「そう昔から言われているので、健康のこともつい考えてしまうことがあるのですが、どうしても止められないんですよね」

武田「ちょっと待ってください。『タバコを吸うと肺ガンになる』って誰が言っていたんですか？」

Aさん「えっ、それは昔から言われていることですよ」

Bさん「そうですよ。厚生労働省だって、テレビのニュースだって、そう言っているじゃないですか」

武田「それは大きな間違いです。私が調べたところによると、タバコを吸ったら必ずしも肺ガンになるということはありません」

Aさん、Bさん「えーっ！　そんな話、聞いたことがありませんよ！」（驚）

武田「それならタバコを吸っても肺ガンにならないという二つの理由を今からお話しします。ただし、最初に断っておきますが、お二人の頭の中に『受け入れ箱』というのをイメージして作っておいてください。私の意見をハナから否定するのではなく、いったん受け入れてその箱のなかに入れるんです。そうすると、私の話が頭に入ってくると思います。

なぜタバコを吸っても肺ガンにならないといえるのか。一つは男性の喫煙率が下がっても、肺ガンは年々増加しているんです。１９８０年時点での肺ガンの死亡者は１万５０００人くらいでした。それが20年後の２０００年になると、４万人に増えています。そして２０１５年には肺ガンの死亡者数は８万人を超えています。この間、喫煙者の数は減っているにもかかわらず、肺ガン死亡者が増えているんです。

それともう一つ、男性の喫煙率が下がって分煙化が進んでも、女性の肺ガン患者数は年々増えているんです。しかも、『喫煙とは関係ない』と言われる腺ガンが7割を占め、タバコが原因で発生すると言われる扁平上《へんぺいじょう》皮《ひ》ガンは非常に少ないのです。

『タバコを吸うと肺ガンになる』と『タバコを吸っている人が減ったのに、肺ガン患者が増えている』という矛盾をどう考えるべきなのか。そうなるとタバコと肺ガンの因果関係は難しくなってしまうのです」

Bさん「具体的な数値も含めて、それほど細かい説明を聞いたことはありませんでした。タバコを吸っても肺ガンにならないというのは、一見すると理解に苦しむ話ですが、武田さんの話を聞くと納得しますね」

Aさん「たしかに納得はしますが……タバコを吸っても肺ガンにならないという理論がまかり通ってしまえば、今、タバコを吸っている人は、『そうか、だったら安心だな』と言って、タバコを吸う人数が増えたりしませんか？　私はあの煙が嫌いですから、その点だけは心配ですね」（苦笑）

このような話になっていくわけです。もちろん、根拠がないのであれば無理に議論することはありません。あくまでも裏付けされたデータを用いて人に説明できるのであれば、こうした話の展開をすればよいのです。

そして相手、この場合のAさんとBさんが、「相手の話を受け入れる心づもり」がないと、議論にすらならず、「いや、それは違います」と相手（この場合は著者）の意見を拒否する姿勢を崩さないかもしれません。そうならないようにするためにも、

「お二人の頭の中に『受け入れ箱』というのをイメージして作っておいてください。私の

意見をハナから否定するのではなく、いったん受け入れてその箱の中に入れるんです。そうすると、私の話が頭に入ってくると思います」
と相手に伝えておくことで、「それなら聞いてみよう」と脳が受け入れる態勢になっていくものです。

人は先入観によって自ら選んだスタイルの中で生活している

ここである事実に気づきます。それは、相手の話をいったん脳の中にある「受け入れ箱」に入れ、「その話が本当かどうか」を「比較箱」に入れて、その昔、誰に聞いた話なのか、あるいは今聞いた話は正しい情報であるかを比較した際、たいてい自分が記憶している「その昔、聞いた話」というのは、「学校の先生が言っていたから」とか、「テレビでNHKが言っていた」というように、論拠がないことが多いのです。

つまり、自分で事細かに調べて事実かどうかを確認したのではなく、「以前に聞いたことがある」ケースの話ばかりなので、先にお話ししたタバコと肺ガンの関係のように、具体的な数字なども出した根拠に基づく話だと、「ひょっとしたら、今聞いた話のほうが正しいのかもしれないな」と考えをあらためようとすることだってあり得ます。

ところが、人間はやっかいな生き物で、そのまますんなり新しい知識や考え方を受け入れるかというと、そうではないケースもたびたびあります。なぜなら、今までにない、新しい考え方というのは、「自分の生活にマイナスになることが多い」からです。その理由はシンプルで、今まで自分は少しずつ自分の考え、つまり先入観を持って自分の生活スタイルを作り上げることが知らず知らずのうちに根づいてしまっています。進学する学校、就職する会社、結婚相手、結婚後の新居先、飲み友達、趣味のお稽古ごとなど、すべて今の自分にとって得なことを選んでいるのです。

これは「自分がこれでよい」とする先入観がなせる業ですから、ある意味致し方のないところですが、人生を40年くらい生きていれば、本当に自分にとってよいものを選んでいるのではなくて、先入観によって自ら選んだスタイルのなかで生活しているに過ぎないのです。しかも新しい考えを受け入れるとなると、それは自分にとって都合の悪いことのほうが多いのもまた事実なのです。

たとえば、「タバコを吸っても肺ガンにならない」という話で言えば、「タバコを吸っても肺ガンにならないのは困ります。あの臭い煙を吸うなんて、私には耐えられません」とか、タバコを吸うご主人の家の奥様であれば、「せっかくタバコを吸ったら肺ガンになるという説を信じて、ウチの人にタバコを止めてもらったのに、ここでそんな説明をされたらかなわないわ」などと言うように、「タバコを吸っても肺ガンにならない」という説を拒否する心が生まれてきてしまうことだってあるでしょう。

これに対してどうすれば解決するかといえば、

①根拠のある、あるいは先入観ではない、真実味のある話をしてあげること

②「自分が損をする」という気持ちを拭《ぬぐ》い去ること

この二つが重要となります。①については、先ほどのタバコの会話例のところで、私が説明したような具体的な根拠を述べればいいのですが、②については自分自身で克服しなければなりません。自分の考えが間違っていると気づいたときに変える。変えたことによって生じる欠陥部分は克服する。これができれば、先入観を捨て去ることは容易になるのですが、そのために「受け入れ箱」を脳内に作るのです。

「受け入れ箱」を作れば視野がもっと開ける

脳の中に受け入れ箱を作るメリットとして挙げられるのが、人に対して怒ることがなくなることです。人は自分と違う考えを聞いたときには内心ムカッとすることが多いもので

す。しかし、事実を知ろうとするだけの度量があれば、その人自体が成長していきます。

私の場合で言えば、受け入れ箱を作ったことによって、世の中を非常によく見えるようになり、友達が増え、仕事が増え、そして貯金もたまるようになったのです。「えっ、本当ですか？」と驚かれる方がいるかもしれませんが、すべて本当の話です。

なぜ収入が上がるかと言えば、理屈は簡単で、会社内で異なる意見の人がいたとしても、「そういう考え方もあるんだな」と理解できるようになりますから、多くの人の意見を受け入れられるようになります。それが上司の目から見て、「彼は客観的なモノの見方ができるんだな」と評価され、やがては「あの人に意見を聞いてみよう」と会社内でも相談者が増えてくるので、結果的に出世して収入が増えるという構図になるわけです。

そしてこれは何も会社内に限った話ではありません。これは私の実体験からくる話ですが、それまでも株には興味があったのですが、何を買っていいのかわからないのと、「何も知らない素人がやるものではない、下手に手を出すと大損するかもしれないな」と半ば不安に感じていたりしていました。

ところが、株に詳しい人を紹介していただき、いろいろと指導を仰いだところ、「これなら私にもできる！」と自信を持ち、自分なりに分析してから株を購入したのです。すると、予想以上の儲けが出て、私自身、うれしさと同時に驚いたという経験をしたことがありました。このとき私は、ウソのような本当の話が、現実に起こり得ることをあらためて学んだのです。

また、先ほども（32ページ）お話ししましたが、国際結婚をしたカップルが破綻してしまうのは、「性格の不一致」という理由が一番多いと聞きます。しかし、育ってきた環境や二人が出会うまでに培ってきた人間関係が違えば、考え方の合わない部分が出てくるのは仕方のないことです。

もっともこれは国際結婚のカップルに限らず、日本人同士の夫婦にも同様のことが言えますので、国際結婚をしたカップルと限定する必要はないかもしれませんが、お互いがうまくやっていくためには、

「私の話をちっとも聞いてくれない」↓だから話をするのは止めておこう

「この人は自分の都合が悪くなることを言われると、すぐにむくれてしまうからイヤだ」

↓だから本音を話すのは控えておこう

などとネガティブな先入観は持たずに、

「どうして相手は私の話を聞こうとしないのだろう？」↓そうか、私の話が長すぎるから

聞いてくれないのかもしれない。今日は要点を絞ってちょっと短めに話をまとめよう
「相手に耳の痛くなるような話であっても、聞いてもらうにはどうすればいいんだろう？」↓私の話し方が悪かったかもしれないから、もう少し表現を変えて話すようにしてみよう

というように、「相手が○○だからダメだ」ではなく、「私が○○だったからこうしてみよう」と視点を変えて、それまで相手に持っていたマイナスの先入観を捨てて、自分の脳内に受け入れ箱を作って話すことが大切です。

ライオンやヒョウは、どう見ても人間よりも運動能力は高いですし、ゴリラだって力比べをすれば人間は負けてしまいます。けれども実際に動物園で檻に入れられているのは、ライオンやヒョウ、ゴリラであり、人間はそれを見物しているのです。

「知は力なり」とはよく言ったもので、人間は頭の使い方さえ間違わなければ、いかなる状況でも成功させる方向に持っていくことができる、素晴らしい能力を兼ね備えています。この場合で言えば、先入観をなくすことによって、人生を大きく変えることだってできる。私はそう信じて疑いません。

ときには前に発言した内容を変えることも重要だ

人は「自分の言っていることが正しい」と思えば、相手がどんなに反対意見を言おうとそれに屈することなく、論破して説き伏せようと考えたくなる人もいるはずです。

しかし、そうしたことばかり繰り返していると、「この人の考え方には柔軟性がないな」と思われ、周りの人が離れていき、やがて孤立していきます。当人にしてみれば、本当は自分の意見を理解してもらいたい一心で意見を述べたに過ぎないと考えるのでしょうが、周りの人はそう思ってくれません。こんな経験をしたことのある人は、意外と多いのではないかと思います。

実はこれというのも先入観のなせる業であり、「自分が正しくて、相手が間違っている」という姿勢で臨むからこそ、このような結末を迎えてしまうのです。

だからこそ、相手の意見を受け入れる箱を持つようにする。そうすることで、状況によっては自分のそれまで信じていた意見を変えることだってあるでしょうし、またそれによって柔軟な発想というものができるようになってくるものです。

話は少しさかのぼりますが、私が出演している『ホンマでっか!?TV』（フジテレビ系列）でこんなことがありました。番組のゲストに元プロ野球監督の野村克也さんの夫人で

ある野村沙知代さんが登場され、

「夫はプロ野球の監督を辞めてから一日中寝てばかりいるんです。長いときで10時間以上寝ていることもあるんですが、これって健康的にはどうなんでしょうか？」

という相談を受けたのです。そのとき私は、

「それでいいんじゃないでしょうか」

と返したのですが、間髪入れずに司会の明石家さんまさんから、

「武田先生、この前と言うてることが違うじゃないですか！」

と言われたのです。実はこの収録のちょっと前に、「睡眠と寿命の関係」について、番組内で議論した際、

「最も長寿になる睡眠時間は7時間です。これより短ければ老廃物が溜まっていきますし、長くなると睡眠中に細菌などに攻撃されやすくなります。また高齢者の場合ですと、脳に血液が行き渡りにくくなり、認知症を招く原因になります。『小太りで7時間睡眠』。実はこれが非常に重要なのです」

と私が話したことを、さんまさんはシッカリ覚えていてくれたわけです。さんまさんの立場からすれば、「前に人間のベストの睡眠時間は7時間と言っておきながら、今日は10

時間でもいいとはどういうことやねん」と思ったに違いありませんし、意見を大きく変えたと判断したに違いありません。

しかし、私からしてみれば、沙知代さんに「いいんじゃないでしょうか」と言ったのには理由があります。野村さんの職業は元プロ野球選手。45歳まで現役生活を送られたと聞いていますし、キャッチャーというポジションは座ったり立ったりといろいろな動きが求められますから、体を相当酷使していたはずです。ですから長年蓄積された肉体の疲労を癒すためには、普通の人よりも長い睡眠時間が必要だろうと、私は考えたのです。

そこで、無理に睡眠時間を減らす必要がないということで、「いいんじゃないでしょうか」と言ったのです。すると、「ああ、そういうことね」とさんまさんはすぐに納得してくれました。

「以前はこう結論づけていたが、今回は微妙に違う」というときには、「微妙に違う」理由について、根拠をもって話せるのか。その点が大切になってきます。「7時間睡眠がベスト」なのは事実ですが、野村さんのように「職業柄、これまで長年にわたって体を酷使してきた人だと、7時間の睡眠では少ないから、10時間あってもよい」とするのも、私は適切な判断だと思っています。

つまり、「睡眠は絶対に7時間がいい」のではなく、「7時間睡眠はいいが、人によってはそれ以上の睡眠時間が必要な場合もある」と判断することも、ときには重要なのです。そしてこれこそが先入観を取り払うことにもつながり、そのためには自分の脳に受け入れ箱と比較箱を作っておいて、

・7時間睡眠がよい↓先入観
・10時間以上の睡眠時間が必要な人もいる↓受け入れ箱
・7時間睡眠でいい人と10時間睡眠が必要な人の違いとは?↓比較箱

と考察し、結論を導き出せばよいのです。一見すると難しそうに映るかもしれませんが、先入観を少し減らして、それぞれ10%ずつの受け入れ箱と比較箱を作り出すことは、頭のトレーニングを行えば誰でもできます。今まで持っていた先入観という名の固定観念を減らすにはこの方法が効果的であるのは、間違いありません。

第2章

世界と異なる
ニッポンの常識・非常識

服装で見る外国と日本の考えの差

日本の常識は世界の非常識——。かつて、東大教授で政治学者でもあった丸山眞男先生は、「日本では誰もが常識だと思っていることが、一歩日本の外に出ると、それがスタンダードではないことに気づかされる」。このようにおっしゃっていたのです。

私もつい先日、アメリカに長く住んでおられた日本でたいへん有名な大学の先生と話をしていたのですが、

「武田さん、アメリカという国は本当にすごいですよね。なんたって夏の一番暑い時期に毛皮のコートを着ていたり、冬の寒い時期に半袖のシャツを着て生活している人がいるんですから」

と言うのですが、このエピソード、お笑いの1シーンではなく実話なのです。

私も過去、実際に体験したことなのですが、生まれて初めてアメリカに渡ったとき、ボストンに向かいました。ところが、ボストンの空港に降り立ったときにちょうど管制官の待遇改善を求めるストライキが起きていて、たいへん空港内が混雑していました。

当然、空港の窓口もたいへん混乱していたのですが、列を並んでいる人を見ていると、

毛皮のコートを着ている人もいれば、半袖で短パン姿というラフな人、はたまたタンクトップの人まで、服装だけ見ればもう多種多彩の人で溢れ返っていたのです。

ボストンに行った時期はちょうど11月くらいだったと記憶しているのですが、

「ずいぶんいろいろな格好をした人がいるものだ」

と半ば驚くやら呆気にとられるわで、いったい今の本当の季節は何だったんだろうと、一瞬考え込んでしまうほどでした。

このときの私の服装といえば、メガネをかけ、スーツを着て、ネクタイをつけて、足元はビジネスマンが履く革の靴、そして左手には黒いビジネス用のカバンを持っていました。私は自分の格好が「ビジネスマンとして当たり前である」と疑うこともなかったのですが、ボストン空港で見たアメリカ人はラフな格好をした人ばかりで、なんだか自分が浮いた存在のように感じたのを、まるで昨日のことのように思い出しました。

アメリカの話はこれだけにとどまりません。あるとき、アメリカでも指折りのエリート名門校の一つとされ、ノーベル賞受賞者を多数輩出しているマサチューセッツ工科大学に行く機会があった際、そこの先生から、「夜の10時近くになったらお酒を飲みに行きましょう」と誘われたので、私は喜んでその誘いに応じました。そうしてお店まで歩いたのですが、ちょうど時期は真冬で雪もところどころに降り積もっているような状況でした。ですから当然、外は寒く冷え切っていて、体感温度にしてマイナス5度くらいだったかと記憶しています。

そうして10分ほど歩くとお店に着き、中に入るとそこには先生や学生たちがおり、賑やかな雰囲気の中、2時間ほどお酒を飲んでから帰路につくと、あろうことかお店の近くの公園で学生たちが、議論しているのです。もちろん地面には雪がまだ残った状態ですし、深夜ですから気温がかなり低かったにもかかわらず、半袖のシャツしか着ていないではありませんか。これには私も驚いてしまい、

「こんなに寒いのに、どうして深夜、そんなに薄着で議論しているの？」

と思わず聞いてみたくなったほどでした。

実はその人がどういう服装でいるのかは、日本人と外国人とでは大きく違うのです。日本人は先入観が非常に大きくて、子どもの頃から、

「春はこの服を着なさい。6月になって衣替えのシーズンになったら、もっと薄着にしなさい」

とお母さんから言われますし、制服のある学校ですと、夏服は6月から9月まで、冬服

は10月から5月までなどと切り替えの時期が決まっているものです。ただし、私がこれまで見た限り、日本のような先進国で学校に通うのに制服が必要だというのは非常に珍しいと感じているのも、また事実なのです。

日本の制服に違和感を覚える外国人

そもそも日本で初めて制服が取り入れられたのは、1873年頃でした。その後、近代化によって着られるようになった軍服を基に、皇族や貴族の子弟のための学校である学習院が詰襟《つめえり》の制服を採用し、その数年後には東京帝国大学（現在の東京大学）で制服が定められたのです。

この当時は着物が主流の時代でしたが、一般的に洋装が広がり始めた大正時代に入った1920年頃になると、学生服も広く普及されだしました。その後、太平洋戦争が始まると着られなくなりましたが、戦後、復興が進むにつれて大学や高校、中学校の男子学生は詰襟の学生服を着るようになったのです。

これは余談ですが、「学ラン」という名称の由来は、昔、日本で西洋のモノを指すときに「蘭」という言葉を使っていたのですが、それは洋服もしかりで、西洋の服という意味で洋服を「蘭服《らんふく》」と呼んでいました。そこから、「学生が着る蘭服」ということで、「学生服→学ラン」と呼ばれるようになったのです。そして学ランは学生服全般というわけではなく、詰襟タイプの学生服が学生服の始まりだったこともあり、今でも「学ラン＝詰襟タイプ」とされています。

ただ、アメリカやフランスなど、他の先進国では、日本のように「学校に行くのに制服を着ていく」などという規則はありません。日本では、小学校のうちはお母さんが用意した服、中学や高校に進学すると、学校の規則で定められた制服を着るのが当然とされていますが、外国人からしたら、日本の制服は「変わった服装だな」と映っているのです。

このことは日本人も「おかしい」と感じているようで、たとえば中学校や高校で京都に修学旅行をした際、新幹線に乗って京都の宿泊先に着くまでは制服で向かいます。しかし、宿泊先に着いた途端に先生が、

「自由時間は制服から私服に着替えて行動してください」

と言うのです。なぜなら京都には外国人の旅行客が大勢います。彼らが日本人の学生が制服を着ているのを見て、写真を撮ることもあります。一部の外国人は、日本の文化であるアニメやマンガで制服を着て登場する場面があるために、「制服＝アニメで着ていた特

別な服」とイメージされている人もいるようなのです。
ところがその一方で、「あの姿はいったい何だ？　どうしてみんな同じ服装なんだ？」と違和感を覚え、ヘタをすれば、「日本という国は、北朝鮮以上に強圧的な国だなあ」と思われる外国人も多くいらっしゃるようです。その結果、「日本はなんて閉鎖的なんだ」とマイナスなイメージを持たれたら困るので、修学旅行で京都などの観光地に行った際は、制服での行動を禁止している学校も多数あるという話も聞きます。

　これは京都に限らず、沖縄などのリゾート地のホテルでも同様で、「制服姿の学生がパブリックな空間（ロビーやレストラン）にいるとイメージが損なわれる」という理由で制服を禁止にしているところもあるのですが、本来であれば「学校に行くのにどの洋服を着ていくべきか」という問題については、本人がよそ行きの格好がいいのか、はたまたラフな格好でもいいのかを判断するのがいいのであり、外国ではそれが当たり前とされています。

　いずれにしても、「日本の学生は制服を着るのがいい」という発想は、日本のなかでしか通用しないことであるのは間違いありません。

クールビズは「服従の精神」の象徴である

今、日本で一番注目されている政治家といえば、小池百合子東京都知事でしょう。前の都知事が不祥事で辞任された後、東京都議会の改革、豊洲新市場の土壌汚染の問題や、東京オリンピック競技の開催場所など、山積する課題にどう立ち向かうのか、その道のりは決して平坦ではありません。しかし、小池都知事には多くの都民が味方していますから、その声を背に、今後もブラックボックスと呼ばれる東京都議会とも対峙していくものと思われます。

ただ、その小池都知事も自民党の小泉政権時、環境相時代に旗振り役となった２００５年の「クールビズ」については、決して褒められた政策ではありませんでした。

ご存じのようにクールビズとは、「夏は職場でネクタイや上着をやめて、エアコンを28度設定にする」ことによって、電力消費が抑えられて電気代が安くなり、電力を作る際の二酸化炭素が削減されて、それが地球温暖化防止につながるという理由で、唐突に実施されたのです。

しかし、クールビズについては、「衣替えの時期となる5月1日から9月30日までの5ヵ月の間、必ず実施しなければならない」などと、別段法律で定められているわけではありません。その点を知っている人がどれだけいるのかはわかりませんが、お役人が毎年5月1日になるとネクタイを外してしまいます。すると、お役人と接点のある業者もこぞってネクタイを外しだし、お役人とまったく関係ない一般企業もそれにつられてネクタイを外す……というのが現状なのです。

このように日本には昔から「服従の精神」に満ち溢れているので、たとえ法律で決められていないことであっても、無言の圧力で強制してしまうのです。しかも、「学生は制服を着用する」と定めているのは、世界中を見渡しても日本だけだと思います。クールビズ、衣替え、制服……これを不服とすると周囲から、「あなたはルールを守っていないから社会で生きていけない」と、批判されてしまいます。

こうした状況を作り出してしまうのも、先入観が脳内を支配しているがために、自ら判断することを放棄してしまっているからに他なりません。本来であれば、第1章でお話しした「10％の比較箱」を半分にして、5％を「新しい知識の比較箱」、残りの5％を「判断箱」にしてしまうのがベストなのでしょうが、こうした発想のできない日本人は、外国から見ると奇異な存在に映ってしまうのも、また事実なのです。

「お城の大きさ」が表す日本と世界の真逆な戦争観

日本人は自分の常識を基準にして他人をバッシングします。学生時代に学校の先生が、「みんなも機会があれば世界を旅してみたらいいよ」と言っていた背景には、日本人特有の固定観念を打破して、判断力を磨いてほしいという意図があるのです。

たとえば「お城」。日本には戦国時代などに建てられた名城と呼ばれるお城が全国各地にあります。しかし、世界に目を向けると、中国の北京の紫禁城《しきんじょう》や南京の南京城、トルコのイスタンブールにあるトプカプ宮殿やベイレルベイ宮殿、フランスのパリのベルサイユ宮殿など、それぞれの国には立派なお城が建立されています。しかも日本のお城より、はるかに大きいのです。

私が若い頃、原子力で使用するウランを研究していたとき、フランスの研究者が日本にやって来ては、あちこち案内していた時期がありました。そのとき驚かれたのが、日本のお城の小ささです。

名古屋城を案内したときに開口一番、「ずいぶん小さなお城ですね」と言われました。私は「そんなことないですよ。ずいぶん大きなお城じゃないですか」と返したのですが、「こんなに小さいお城では、人がたくさん入らないでしょう」と少し考え込みながら答えます。そこで私が、「殿様やその一族が入りますよ」と答えたら、「その程度の人しかお城にいないんですか!?」とたいへん驚かれたのです。

そこから先は、次のようなやりとりが続きました。

武田「日本では戦があって、万が一敗れたときには、殿様はもちろんのこと、奥方や一族郎党はお城のなかで自刃《じじん》して、火を放って滅びてしまうんです」

相手「えっ？　お城って殿様とその一族だけが住んでいるんですか？　それならお城の周りにいる町民や百姓は皆、殺されてしまうじゃないですか」

武田「いやいや、町民や百姓は戦の間は山の上に逃げていますよ」

相手「戦争が終わったら、町民を奴隷として確保したり、最悪殺してしまうことだってあるんじゃないですか？　そうでなかったら、お互いに命を懸けてまで戦う意味がないじゃないですか」

私は「あれ？」と思いました。話をさらに詳しく聞けば、フランスや中国など隣国と大陸続きになっている国のお城は、殿様を守るためだけに建立されているのではなくて、お城の敷地内で生活している町民や農民たちを守るためにお城が存在しているのです。

夕方の5時くらいになると、お城の堀の上にある跳ね橋が上げられてしまうので、町民や農民たちはそれまでの時間に城内に入って、その後は敷地内で寝食を共にする。殿様はというと、大きな一軒家を城の敷地内に構えているだけであって、すべての土地や建物は殿様の所有物ではない――というわけです。

たとえば古代ギリシャでは、アテネやスパルタで戦争が起きれば、勝利したほうが町民や農民を奴隷として連れていく。つまり、命を懸けてまで戦うのは、一般の人を奴隷として確保するために戦うという一面もあって、外国の人たちからすれば日本でかつて行われていた戦というのは、いわばおままごとのようなものにしか映っていないようなのです。

たとえば徳川家と豊臣家がその存亡を賭けて雌雄《しゆう》を決した大坂冬の陣、夏の陣が1600年代前半にありましたが、双方の武将や兵士は戦で傷ついたり、最悪亡くなってしまったりしたのですが、この戦で町民や農民が傷ついたりしたなどという話は聞いたことがありません。

また、この戦に勝った徳川家が、豊臣家のいた大坂城を焼き払うなか、城に眠っていた豊臣家の財宝を持ち去ったものの、城下に住む町民たちの財産を持ち去ったという話だって、まったく聞こえてきません。こうした戦争の形式をとっていたのは、世界を見ても日本だけなんです。

先にお話ししたフランス人の技術者もこう言っています。

「私たちが学校で歴史を学んだときに、戦争を行うのは相手の兵士を殺すだけでなく、そこに住んでいる住民や財産もかっさらってしまい、そうして領土を広げていくというのが、私たちヨーロッパに住む者の考え方だと教わりました」

ところが日本人は違います。殿様同士で争いごとが起きたとき、両者の兵を交えて戦い、その勝者が領土を得られるというのは、当然のことでありますが、だからといって戦をしたから町民や農民の身に被害が及ぶなんてあり得ないのです。

それではどうしてこういう常識が生まれてしまったのか。それは日本が「国」だったからです。日本は今からおよそ２０００年前にできてからというものの、殿様であれ、武士であれ、町民であれ、農民であれ、すべてが日本国民であり、その上には必ず天皇が存在していました。そのため、徳川家が豊臣家との戦いで勝利しても、町民や農民は「すべて天皇に所有権がある」という認識をされていたために、戦で傷つけられるようなことは一切ありませんでした。

ところが外国の場合、たとえば中国に目を向けると、始皇帝が秦《しん》を造ったものの、やがて戦争で敗れて漢に変わると、秦の皇帝一族はみな殺されます。さらに新、後漢とそれぞれ王様が変わると、それまで支配していた一族が殺されるだけでなく、お墓までも荒らされてしまうのです。つまり、秦や漢、新、後漢というのは「国」ですから、国が変わるときには過去の歴史を抹殺しなければなりません。日本ではとても考えられないでしょうが、中国という国はそうした宿命の下に、かつては国が成り立っていたわけです。

さらにヨーロッパに目を向けると、フランスならフランス、オーストリアならオーストリアという「領土」があり、過去を紐解いていくと、王族や貴族がそれぞれの領土を仕切っていて、フランスという国ができたのはフランス革命が起きた18世紀末期の近代に近づいてからです。

こうして考えていくと、日本に住んでいる人は、「私たちは日本国に住む日本国民である」という認識の下で暮らしています。しかし、外国の場合だと、「かつて私たちの領土には領主がいて、そこに私たち領民が住んでいた」と考えているのです。お城一つとっただけで、日本と世界の歴史観、あるいは国民意識が大きく違うことがおわかりになることでしょう。

自販機を街中に堂々と置ける国・ニッポン

今から50年前の1967年に、新しい100円硬貨と50円硬貨が発行されたのを機に、急速に自動販売機（以下、自販機）が日本で普及しだしました。しかし、当時の経済評論家たちはこぞって、「自販機は大量の消費を促進する悪い機械である」と批判していたのです。

その後、私はある雑誌でエッセイの執筆依頼を受けたとき、ふとしたことから「自動販売機を置ける国ってどこだろう？」という疑問が湧いてきました。そこで私なりに調査した結果、「自動販売機を設置できる国は日本だけである」という結論に達しました。だからこそ、こうした文化を守らなければならない——そう文末を締めくくったのです。

私が、「自販機は日本しか置けない」と考えたのには、キチンとした理由があります。

私はかつて化学メーカーに勤めていたときに、自動販売機の商品が並んでいるのが見える、透明のプラスチック板の研究をしていた時期がありました。このプラスチック板は叩けば割れます。そうすればわざわざお金を払わなくても、中で貯蔵されている缶ジュースを取り出すことができるのです。

また、お金を投入するところも厳重な作りをしているわけではありませんから、バールなどの工具を使って無理やりこじ開けてしまえば、そこから釣り銭を取り出すことだって可能なのです（もちろんこれらは、すべて犯罪行為です）。

ところが、日本の自販機で使用しているプラスチック板には、「傘の柄《え》で叩いても割れなければよい」という強度基準があります。実はこれは重要な意味合いを持っており、たとえば夜中にお酒で酔っぱらった人が、「のどが渇いたからジュースを飲みたい」と思ったとしましょう。ここからは過激な話ですが、酔っぱらっているために状況判断がつかず、傘の柄で自販機を叩き割ってジュースを取り出そうとします。

しかし、強度基準が「傘の柄で叩いても割れない」とされているために、簡単には割れません。ですから割れないことに気づいた酔っぱらいは、そのようなおろかな行為を止めてしまい、帰路を急ぐのでした。

ところが、翌日になってから、「昨日、傘の柄で自販機が叩き割れなかったから、今日は金づちで叩き割ってみるか」と考えるのかといえば、絶対にあり得ません。また、「自販機そのものを盗んでやろう」と考える日本人だって、まずいないでしょう。

これが海外に目を向けると、大きく変わってきます。たとえばアメリカでは、「人のモノを盗る」という素養を持っている人が、アメリカ本土の人口のうち、7%はいるといわれています。しかし、同じケースで見たときに日本ではわずかに0・6%に過ぎないのです。

また、南米では「モノを盗られるように持っていたら、それは盗られるほうが悪い」という常識なのですが、日本ですと、「盗られるように置いてあってもそれは問題ない。悪いのは盗ったほうなんだ」という考え方です。これは犯罪に対して180度違う考えであることを示していますが、どちらが正しいとか、あるいはどちらが常識的なのかということなのではなく、その土地で長らくの風習として残っている思想が、こうした思考を作り出しているのだと認識しておくべきなのです。

ですから日本で自販機はどんな場所でも無防備に設置することができても、アメリカで自販機を道端に置くことなどできません。なぜならアメリカは銃の文化が一般の人たちまで広く浸透していますから、釣り銭の溜まっているところを、「バンバン！」と銃で撃ち抜かれてしまうと、たちどころに釣り銭をごっそり抜き取られてしまいます。ですから自販機を置くリスクと修理する可能性が高いであろう、そのコストを考えたときに、「アメリカという国に自販機を設置すること自体、困難である」と考えざるを得ないのです。

ところが、アジアはアメリカのように乱暴な人は比較的少ないため、自販機を設置することは比較的可能な国が多いのですが、プラスチック板のところには必ず金属の網を設置して、日本から輸出しています。つまり、日本人は自販機に対して、「傘の柄で叩く」というちょっとした出来心でしか犯罪を行いませんが、日本以外の国の多くは出来心ではなくて、「盗める機会があれば、盗んでやろう」という意識が高いのです。こうした信じられない思想は日本人の私たちからしてみれば信じられないことかもしれませんが、お隣の中国でも、「人のモノを盗んで何が悪いんだ！」という意識が強くあるのです。

モースが評した「私たちが野蛮に思えるほど誠実」な日本人

こうした日本と外国の思想の違いを歴史的に記述しているのが、動物学者であるエドワード・シルヴェスター・モースです。腕足動物を研究していた彼は、それが日本に多く生息するという理由で１８７７年に来日しました。その際、横浜から新橋まで汽車で向かう途中、貝塚を発見したのですが、これこそが日本で初めて発掘が行われた大森貝塚でした。

このモースが、後に日本の住まいについての文献をこう記しています。

「私が外出するときに、部屋のなかの机の上に小銭を置いたままにするのだが、出入りをする下女や子どもたちはそのお金に目もくれない。私が夕方部屋に戻ると、小銭が朝、出ていったときのままで置いてある。こんなことがあるのだろうか」

と驚いてしまいます。当然、日本以外の国々は、お金に困った下女やいたずら好きの子どもならばすぐにお金を取っていってしまいます。ところが日本の人はそうしなかったので、モースにとっては考えられないほどの衝撃を受けたことでしょう。

また、これはモースが女医と人力車に乗って東京を移動していたときのことです。ふと道端に目をやると、裸の女性がタライに水を張って、体を洗っていたというのです。これにモースは「えっ?」とわが目を疑ってしまい、思わず隣の席に座っていた女医に、「女性が道端で体を洗うなんて、日本は野蛮な国なんだね」と話したのですが、しばらくしてモースはあることに気づきます。それは、人力車の車夫は裸の女性に対してまったく目もくれなかったのです。そして周囲を道行く人も、裸の女性を直視するような人がいないことにも気づきました。

その光景を目にしたモースは、次の言葉を洩らしたと言います。

「私たちは裸の女性がいたら思わず見てしまうが、日本人はそうしたことをしない。野蛮だったのは日本人ではなくて、私たちアメリカ人だったんだ」

こうしたエピソードから日本人が、「やってはいけないことは絶対にしない」という、非常に高貴で誠実な民族であったことがおわかりかと思います。

世界と異なる常識を生んだ地理的要因

これまでのエピソードのなかで日本の文化や常識が世界と違うことが発見できたと思いますが、よきにつけ悪しきにつけ、日本人ほどある特定の先入観に凝り固まった国は珍しいというのも、これまた事実なのです。

それというのも、世界地図を見れば一目瞭然で、日本は温帯の島国であると言われていますが、「温帯的である」というカテゴリーに無理やり入れると、日本以外の世界の国では、イギリス、マダカスカル、ニュージーランドくらいなものです。

ところがイギリスは、実際の気候は亜寒帯であるということと、しかも民族的にほとんどが大陸から渡ってきています。もっとわかりやすくいえば、エリザベス女王は、「ドイツから来た、英語を話すことができない王様の末裔」なのですが、たとえば日本で天皇家が絶えてしまったから、中国から王朝を呼んできて天皇に据えるなんてことは絶対にあり得ません。それをフランスはことともなげに行っているというわけです。

さらにフランスとイギリスでは、かつて国境線を決定するために「百年戦争」という戦いが、14世紀から15世紀にかけて行われました。しかし、日本では100年も戦いを続けるなんて、到底考えられません。日本はヨーロッパの国々のように陸続きではありません し、そうかといって周辺の国まで泳いで渡れるという距離ではないですから、海が日本を防衛しているという一面もありますが、国境を決めるために100年も戦争することに意味があるのかとさえ考えてしまいます。

さらに先に挙げたマダカスカルは国の場所がアフリカですから、やや熱帯の地域とも言えますが、文化の発達が遅れたこと、そしてニュージーランドは16世紀にイギリスがその領土を発見してからの文化が構築されていったわけですから、ヨーロッパ、とりわけイギリス色が濃く反映されています。

そう考えると、日本は隣国と200キロほど離れているがために、他の国に侵食されることなく、日本独特の文化を維持し、発展させていくことが歴史上行われてきました。その結果、十七条憲法に明記されている「和をもって貴しと成す」を踏襲するかのように、事実よりもみんなで手を取り合って協力しあうという精神を大事にしてくることができたのです。これは狩猟民族よりも農耕民族の考えが色濃く反映されていて、日本のように過ごしやすい気候で、隣国が簡単に襲ってこられない距離に国があるのは、世界を見渡してもまれで、相当恵まれています。

私はこれまでに世界30近くの国に住んでいたことがありますが、どの国々よりも日本が一番住みやすいと実感しています。そのうえ性格的にも穏やかな人が多いので、普通に暮らしていたら命の危険にさらされるなんてことはありませんから、医療が発達し、また治安が安全な日本が、世界一の長寿国になったというのも、うなずけることなのです。

車の来ない赤信号で渡ることの多い外国人、渡らない日本人

しかしその一方では、あまりにも道徳心を育もうという思想が強くなりすぎて、それが「ルールを決めたら必ず守らなければならない」と、精神的な縛りを与えてしまった一面があるのもまた事実なのです。

たとえば「信号を守る」というのは最たることであり、「青信号は渡る。黄信号は注意して進みなさい。赤信号は止まりなさい」というルールがあるにはあるのですが、たとえ車が来なくても、赤信号は渡ってはいけない、それでももし渡ってしまったらペナルティーが科されることになっています。

私もテレビの情報番組のコメンテーターを務めていた頃、道端で赤信号になっていたら絶対に渡りませんでした。「車の往来がなければ渡ったっていいんじゃないか」とお思いの人もいるかもしれませんが、もし当時の私が赤信号を渡ってしまい、それを見ていた人が携帯やスマホで写真を撮って、ＳＮＳなどに掲載されてしまったら、「テレビのコメンテーターという立場でありながら、ルールを守れないとはけしからん」と視聴者からバッシングを受けて、強制的に番組を降板させられてしまいます。ですから、「交通ルールは順守すべきもの」と心に誓って日々の生活を送っていたものでした。

信号はもともと歩行者保護のために設置されました。本来、道路というのは歩行者のものので、車道は車が開発され、利用者が増えたことで後に造られたものだったのです。けれども車が増加し、歩行者信号が造られたことによって、「青信号は進んでよいが、赤信号は絶対に渡ってはいけない」というルールができ、それを遵守することが何よりも大切だとされてきました。

もしこれが外国で、「赤信号であっても車の往来がない」という状態でしたら、歩行者は間違いなく渡っているでしょう。しかし、日本の道徳ではそうした行為をよしとしませんん。日本は服従型の思想ですから、信号を渡る際は、そのルールをきちんと守らなければならないため、勝手にその解釈を変えることは許されません。

１９８７年４月に、それまでの国鉄からＪＲへと変わりました。時間の経過とともに、国鉄時代の負の遺産はだいぶ取り払われたように思えますが、「乗客を統制する規則」という悪しき慣例は未だに残っています。ですから欧米型の教育を受けている外国人からしたら、非常に違和感を覚えるという話は、あちらこちらから私も耳にしました。

たとえば、「ゴミは片付けてください」「倒した座席は元に戻してください」というアナウンスがそれに当たります。電車が終点に近づくたびにそのようなアナウンスを電車内でしていたものですから、あるとき私はＪＲの車掌さんに、

「冷静にお伺いしたいのですが、電車内でゴミを片付けてほしいとか、座席を元に戻してくださいというアナウンスをしょっちゅう聞くのですが、これは乗客の義務なのですか？それともＪＲ側の義務なのですか？」

とお聞きしたところ、その車掌さんは「もちろんＪＲ側の義務ですよ」とお答えになられたのです。つまり、「本当はＪＲがやるべき仕事なんだけど、乗客も率先して協力してほしい」という意味合いから、このようなアナウンスをしていたというのです。裏を返せば、「必ずしもゴミを片付けたり、あるいは座席を戻すようなことをしなくてもいい」と

いうわけです。ですから「あなたは交通ルールをしっかり守って信号を横断しなさい」というのではなく、一人ひとりが状況に応じて適切な判断をする能力を養うべきであると、私は考えているのです。

かつて家電リサイクルを実施する際、当時の経済産業省の課長がこんなことを言っていたのを思い出します。

「世界で家電リサイクルは日本だけしかできないでしょう。もともと家電リサイクルをやるのは無意味なんだけど、家電業界がシッカリしていて、国民がマスコミ、とりわけNHKの情報に騙されれば、日本では問題なくできるでしょう」

まさにその通りで、日本では「事実ではない」とわかっていても、太陽を赤く描いたり、緑の信号でも青信号であると言えばそうしてしまうのです。科学的合理性ではなく、社会で合意しているものをよしとしてしまう文化は、まさに服従の教育の極みであると、私は考えています。

第３章

日本人が陥りやすい科学の間違った先入観

「太陽の色は赤」と言っているのは日本だけ

太陽の色は赤である——幼い頃、図画の時間で太陽を描くとき、赤色で塗った人は圧倒的に多いはずで、お家でお母さんに教わった太陽の色は赤色だったでしょうが、実際は違います。太陽の色は白色、もしくは白に近いクリーム色のように見えるのが正しいのです。これは昼間の太陽の光を肉眼で見てもハッキリと判別できます。

一般的に、太陽の光は場所によって違って見えます。それは場所によって、太陽光の波長による変化の影響があるからです。太陽光は赤道に近づくほど赤みが強くなり、赤道から離れるほど青みが強くなるという特性がありますから、同じ太陽であっても国によって色合いが違って見えることがあるのです。

また、朝日や夕日を赤というのも、日本人だけです。日本は、赤い朝日や夕日を見る機会が多く、それが影響して、太陽は赤との印象が強いのかもしれませんが、ヨーロッパではアルプスより北の地方だと、冬は夜が長く、日照時間が短いうえ、夏は朝早くから太陽が昇って赤く見えず、夜も10時くらいまで日没になりません。そのため赤い朝日や夕日を見る機会が少なく、太陽は「赤」だと考えられないのです。

それが証拠に、日本で暮らしている外国人のお母さんが、日本の保育園や幼稚園に行って日本の子どもたちの絵を見たときに、「太陽が赤く描かれていること」にたいへん驚いているという話をよく耳にしていて、あるときこんな話を聞きました。

外国人の子どもが日本の保育園や幼稚園で太陽を描こうとすると、「太陽は黄色」と教えられていたので、黄色で塗ったところ、「それは違うよ！」と他の園児から一斉に指摘されました。そこで、先生に助けを求めようとすると、

「いい？　ここは日本なんだから赤で描こうね」

その子はアメリカで教えられていたことと日本ではまったく違う事実に戸惑いを隠せなかったのは言うまでもありません。「太陽の色は赤」というのを、日本では先生が断言しているのですから、日本で暮らしている子どもたちは疑う余地がありませんが、これこそ間違った先入観であると言わざるを得ません。

こうした話を聞かされていたものですから、私がアメリカに行った際、年齢で言えば4〜5歳くらいの子どもたちと接する機会があったので、「太陽を何色で描きますか？」と訊ねてみたことがありました。そのとき返ってきた答えは、「金」や「黄」であり、「赤」と答えた子どもは、一人としていませんでした。

一説によると、日本で太陽＝赤としているのは、赤という語源が「明るい」から来ていて、「明るい太陽＝赤」と勝手にイメージづけたとも言われていますが、これはあまりにも科学的な考えではありません。このように間違った理屈は、なにも太陽の色に限った話ではありません。科学の分野においては、先入観で物事を片付けようとする人たちが多く、その結果として、日本人の凝り固まった偏見を生んでいるのです。

「森林が二酸化炭素を吸収する」という先入観

森林が二酸化炭素を吸収する——昔、学校の授業で先生からそう習ったという人は多いかと思います。とくに地球温暖化の防止には、温室効果ガス、なかでも温暖化への影響が最も大きいとされるCO_2（二酸化炭素）を大気中に増加させないことが重要であり、地球上でCO_2を循環させるには、森林がその吸収源として大きな役割を果たしていると言われ続けています。

ところが、これが大きな間違いなのです。日本人は、誰かが教えてくれたことを、自分の意見にする傾向が強く、その後自ら調べたりすることがないので、「森林がCO_2を吸収する」と思い込んでしまっているのです。その結果、「森林を増やせばCO_2が減る」とか、

「森林破壊はすなわち、環境を破壊することと直結している」など、さらに巷で言われている道徳的な思想も、先入観から来ていることが多いのです。

そこで森林を造り出すメカニズムについて、お話ししていきましょう。

まず1本の木を育てるには、まず山に種（苗）を植えます。そうすると種から芽が出て少しずつ成長していきます。このとき空気中から二酸化炭素を吸収して、葉の中で光合成を行います。二酸化炭素は化学記号で「CO_2」と書きますが、C（炭素1原子）とO_2（酸素2原子）に分けた際、木は人間ほど酸素を必要としないので、成長過程において大半以上の酸素（O_2）を空気中に放出して、自ら体内に取り込んだ炭素（C）の力で成長を促進させて、生きていくエネルギーに替えているのです。こうして時間をかけて少しずつ大きくなり、20〜30年くらい経つと、立派に成長した大人の木となります。

しかし、大人になってからさらに20〜30年生き続けるとなると、枯れ落ちていく枝や木の表面の樹皮をあらたに再生させるために光合成を行いますが、成長過程と同じくらいの光合成はしません。この点については、人間の成長過程と一緒であると考えてよいでしょう。

人間は生まれてから20歳前後までは身体が成長していきますが、それ以降は身体の発育が止まります。つまり、どんなに食べてもそれが筋肉や骨となっていくのは20歳前後までで、それ以降は年を重ねれば重ねるほど、食べたものは筋肉や骨ではなく、脂肪へと変わってしまうのです。

これと同じことが木にも言えます。木も成長し終われば中年、老年となっていきますから、光合成を行うことはなくなってきます。そうなると当然ですが、CO_2を吸収することはありません。つまり、木は0年から20年まで成長期、20年から60年までを中年期、60年以降は老年期に分けられますが、森林には成長した青年期の木、中年期の木、老年期の木がそれぞれ同じ量だけあるのです。

このような森林の構成を「定常状態」と言うのですが、これらすべてが入り交じって森を造っているわけです。「森林がCO_2を吸収しない」という言葉は、「成長期の木はCO_2を吸収するが、中年期、老年期の木はCO_2を吸収しない」とも言い換えられるのです。

ところが日本では、「CO_2を減らせば地球温暖化を食い止められる」と言って国民を信じさせようとしています。これにより森林を伐採することは悪で、マイ箸を使うことは善だと公言する人たちが現れたのです。政府が主宰する科学会議では、「森林がCO_2を吸収する」と平然と言ったかと思えば、子どもたちに正確なことを教えなければならない小学校や市役所ですら、「樹木が二酸化炭素を吸収して、CO_2の排出を減らしているんだよ」と、誤った情報を植えつけています。

権威ある組織が平気でウソをつく世の中

私が住んでいる名古屋市では、中心街にある三越にCO_2計を設置して、「昼間は二酸化炭素が吸収されるからCO_2値は減っていく。夜は吸収されないからCO_2は少しずつ増えていく」ことを、子どもたちに教えているのです。けれども、木に限らずあらゆる植物は、太陽の出ていない夜は光合成を行えません。ですから、CO_2は夜になってから増えるのではなく、「CO_2の量が元に戻った」と見るべきなのです。それにもかかわらず、植物がCO_2の排出を減らしているなどと言い続けるのは、視野の狭い考え方です。

こうした指導に対して、「何かおかしい」と感じた私は、名古屋大学の教授時代に子どもたちの指導にあたっている茨城県つくば市にある森林総合研究所に問い合わせてみました。

「私が学生たちに『森林が二酸化炭素を吸収するというのはおかしい』と指導しているのですが、これは間違っていますか？　木の成長のメカニズムを知っていれば、何が正しくて、何がおかしいかはすぐにご理解いただけるはずなのですが……」

そう聞くと、森林総合研究所の責任者は、

「武田先生のおっしゃる通りなんですが、私たちとて国から補助金をもらうためには、こう教えなければならないのは仕方のないことなんです」

とこともなげにおっしゃられたのです。また、岐阜のある大学の教授も、この研究所と同様のことを言われていたので、私が確認したところ、

「武田さんの言う通りなのですが、湖の周辺に生えている樹木は、万が一、倒れて湖のなかに入ってしまったら酸素と触れません。ですからその場合だと二酸化炭素を吸収しますよね？」

と返されたので、「それはその通りですね」と答えるしかありませんでした。

日本は科学技術立国と言いながら、科学技術のウソをついていることの一つが、「森林が二酸化炭素を吸収する」なのです。このことは一時期、国際会議でも問題になったのですが、「日本が一生懸命、二酸化炭素の削減に動いているから、このくらいの過ちならいいじゃないか」と認められてしまったのです。

こうした事実はすべてのメディアで一切報道されていません。まさに日本人の間違った

先入観を植え付けてしまった最たる例と言ってもよいでしょう。

森林保護がかえって花粉症患者を増加させた

そしてもう一つ、森林を過剰なまでに保護したことによって生じたのが、花粉症患者の増加でした。「割り箸は森林を伐採するので、CO_2の削減に影響を及ぼしてしまう」と一時期、マスコミが報道していましたが、これが本当に森林伐採の歯止めになっているのかと聞かれれば、違うと言わざるを得ません。

日本は先進国のなかではスウェーデンとフィンランドに並んで、国土面積における森林の占有率が高い国で、実に68％を占めていますが、この中で最も森林使用率が低いのが、実は日本なのです。

かつて1960年代は森林を伐採して紙を作っていたので、森林の使用率は88％もありました。ところが、現在はその4分の1以下まで減ってしまっているのです。その影響からまったく成長せず、CO_2を吸収しない老木が膨大に残りました。その結果が、花粉症患者の増加というわけです。

戦後になって必死にスギやヒノキを植林したものの、全国の森林に行くと、現在では材木にならない荒れた木々ばかりが残っています。樹木は本来、双葉から成長して青年期を迎え、成長が終わると次世代に子孫を残すために中年期のときに花粉をまき散らします。

これがかつてのように森林を頻繁に伐採していた頃でしたら、木々が「今以上に成長しない」と判断した時点で、木材として利用していました。けれども今は違います。成長が止まっても木材として利用することが少なくなったために、スギやヒノキの木々はほったらかしにされ、その結果、花粉をまき散らすという構図ができあがったのです。

こうなってしまったのも、「割り箸は森林を破壊するからよくない」と自然保護運動をしていた運動家の人たちが原因です。森林の樹木は年老いて老年期になると新陳代謝が遅くなって大気が汚れてしまいます。

こうして花粉アレルギーの子どもたちを昔に比べてはるかに増加させ、環境省の『花粉症環境保健マニュアル２０１４』によると、１９９８年に花粉症全体の有病率は20％だったのが、２００８年には30％と、10年間で10％増加しています。その結果、毎年のように春や秋の花粉が飛散する時期になると、くしゃみや鼻づまり、目のかゆみなどに悩まされてしまうわけです。

まったく森林をどうして有効活用しなかったのか？　CO_2削減を必死に叫んでいた人た

ちは、自分たちが罪づくりなことをしてきたという認識があるのか？ということを問いただしたいものです。

「石油はいずれ枯渇する」という先入観

日本では「やがて地球上の資源が枯渇する」、つまり、石油や石炭、天然ガスなどのエネルギーとして活用できる材料がそれにあたりますが、世界中で「地球上の資源が枯渇する」と言っている国は日本を除いてありません。ただし、石油を取り扱っている会社は、石油価格を高い水準で保つために、いかなる場合においても、「あと40年しか持たない」と言い張っていますが、これはあくまでも例外です。

たとえば1970年代前半に起きた石油ショックの際には、マスコミや専門家、とくに石油会社の関係者の口からしきりに、「石油はあと40年でその寿命が尽きる」と言われ、それからおよそ40年後の2010年にもやはり「あと40年で石油は尽きる」と叫ばれました。こうした事態を招いたのも、科学的に正しいことを正直に言わなかった私を含めた科学者全員の責任でもありますが、なかでも石油会社は商売を目的としているので、石油価格をある一定の水準に保つことは重要で、間違っても「石油は無限にある」とは絶対に言いません。

一方、原油の価格は１９６０年代はわずか１バレル２ドルだったのですが、70年以降は24ドルに上昇した後、80年代前半は30ドルを超えました。その後は15〜30ドルで推移した時代が続き、２００８年には１００ドル近くまで跳ね上がったのですが、現在は40ドル超に落ち着いています。

なぜ石油はこれほどまでにも価格の変動が激しいのかといえば、オイルマネーに群がる人たちが世論を操作して値段を上下させ、その結果、利益を得ているからに他なりません。これは商売で儲けるための基本からすれば当たり前のことです。

ところが、日本のように「服従の論理」が支配している国では、マスコミが「石油がやがて枯渇する」などと世間に広くアナウンスしてしまうと、「この先、石油がなくなってしまったら大変だ」と煽動され、それが間違った行動を引き起こしてしまう原因につながるのです。第一次石油ショックのときのティッシュペーパーやトイレットペーパーなど、製品の買い占めがスーパーで起きたのは、まさにこの典型であると言えるでしょう。

ただし、日本はある程度のレベルの学力が国民一人ひとりに備わっていますから、「何が真実で、何が間違いなのか」は、ちょっと角度を変えて考えれば見抜けるはずなのです。

そのことを証明するためにも、別の例を挙げてみましょう。

二酸化炭素があれば、石油系エネルギーが枯渇することはない

地球が誕生したとき、大気中の95％は二酸化炭素でした。これは金星と火星とほぼ同じで、いずれの星も二酸化炭素が支配していたのですが、その後、なぜか地球だけが二酸化炭素が大きく減って、今では0・04％しか二酸化炭素がありません。

なぜここまで減ったのか、考えられる最大の理由は、生物が誕生したことによって、二酸化炭素が彼らの食料となったからです。

つまり、草食動物が植物を食べるのは、間接的に二酸化炭素を食べているのであって、そうして炭素と二酸化炭素に分けられる。たとえばイネが二酸化炭素を食べて、炭素を米粒に栄養素として蓄える。そしてこのイネを人間が食べる。こうなるとイネと人間は切っても切り離せない関係となり、イネと人は一つの生物であるとも言い換えられるのです。

つまり、もし二酸化炭素を減らすとなると、二酸化炭素をエネルギー源としている生物が地球上からいなくなってしまうことになります。

今の日本の常識からしたら考えられないことでしょうが、二酸化炭素を空気中に出すの

は環境にはとてもいいわけで、さらによくするためには今以上に二酸化炭素を増やさなければならないというのも、また事実なのです。

そして石油が枯渇するかどうかは、この二酸化炭素が今後、どれだけ増えるかにかかっています。石油は化石燃料といわれている通り、さまざまな生物の死骸が海の中で堆積して作られた物質ですから、生物が住みよい環境であればあるほど死骸も増えるために、石油が枯渇することはないのです。

たとえば人間が車や暖房などに石油を使えば、それが大気中に放出されます。これによって二酸化炭素が増えるので、若い成長期にある樹木は光合成を行って二酸化炭素を吸収します。こうした循環を繰り返していけば、今は0・04％しかない地球上の二酸化炭素は今後増えていく可能性が高いわけで、私が試算したところによると、100年後にはおよそ0・01％増えると見込まれています。

ただし、石油だけではなく、石炭や天然ガス、オイルサンド、オイルシェール、メタンハイグレードなどの石油系エネルギーと呼ばれる「還元炭素」を活用するようになってからCO_2は減っていったので、かつて二酸化炭素が95％もあった頃までに増えることはありません。もし1％でも二酸化炭素を増やしたいのであれば、およそ1万年かかります。石油系エネルギーを燃やして生まれるのが二酸化炭素なわけですから、二酸化炭素を1万年かけて1%増やせるということは、裏を返せばそれと同じ時間だけ石油があり続けることができるのです。つまり、石油系エネルギーはあと1万年分は資源として眠っている計算になるのです（計算の仕方にもよりますが、大方の学者は600万年と試算しています）。

それにもかかわらず、多くの人が「やがてなくなる」と言っているのは、オイルマネーで儲かっている人たちの口車に乗せられているだけに過ぎず、「そうした人たちが力説しているのだから」という先入観が合わさった結果、「事実でないものを事実と思う」ようにしているのです。

石油をめぐる多くの未来予測の落とし穴

これは余談ですが、昔から私は講演会で「石油はなくなりませんよ」と言っていました。このときの聴衆の態度が興味深いもので、多くの人は第1章でお話しした受け入れ箱がないために、「えっ、そんな話は信じられない」という表情を浮かべるのです。「石油はやがてなくなるものだ」と思い込んでいるのですから、無理もありません。

そこで私は、「石油がなくならない理由」を語る前に、次のような話をします。

「まず、みなさんの脳の中で、『石油はなくならない』という事実をいったん受け入れてください。そして今日の講演会で帰宅するときでも、明日の通勤電車のなかでもどこでも構いませんので、『今まで石油がなくなる』と思い込んでいたことと、私の話を比較して考えてみてください」

ただし、こうは言っても、私の考えを受け入れようとするのは至難の業です。「いずれなくなってしまう」ものを、「そんなに深刻に考える必要はない。だってなくならないいんだから」と言っても、それが真実であるかどうかを見抜くには、1日、2日の短い時間では難しいことなのかもしれません。

戦後から高度経済成長期にかけての日本では、誰もが石油はなくなるとは思ってもいませんでした。それが資源の不安を決定的にさせたのが、1972年にドネラ・メドウズ博士が著した『成長の限界』(ダイヤモンド社)でした。ここに書かれている内容は実に衝撃的で、「地下に眠っている資源は有限だから、それを今の消費量で割ると資源はなくなってしまう」とはっきり書かれていたのです。原油に限らず、すべての資源の量を計算すると、「あと40年でなくなる」こともわかったため、世界中で衝撃を受けました。

メドウズ博士の主張を要約すると次の通りです。

「資源は徐々に減り出して21世紀の初めには、かなり低下している。また、1人当たりの食料は少しずつ増加していくものの、2010年当たりになると急激に下がり出し、環境汚染は2030年にピークとなる。

その結果、資源や食料が減ってくるので、人々の社会活動とともに環境汚染も比例して減っていくことになる。21世紀の半ばには世界人口の4割が食料不足から餓死者となり、22世紀に入る頃には世界の人口が70億人まで減ってしまう」

これを読む限り、何一つ明るい材料はありません。ただただ悲観的な内容ばかりです。なにしろ21世紀には資源がなくなり、餓死者だって世界規模で増えていくのですから、「悲観的になるな」と言われるほうが無理です。

ところが、メドウズ博士の文章にはある落とし穴がありました。それは未来予測の条件が、1970年時点とまったく変わらないことと断言しているのです。彼の著書の一文に、「私の計算結果には前提がある。1970年時点の工業的な方法や資源の発見の状態、汚染の進行具合、人口の増加、食料の生産方法。これらが1970年以降、まったく変わらないことを仮定している」

いくらなんでもこれは無理な話です。毎年のようにノーベル賞受賞者を輩出し、科学技術は日進月歩で発展していますし、それによって人々の暮らしはよりラクになることだって十分考えられるからです。

けれども、メドウズ博士が示した仮定の部分、つまり将来の予測をしなかったのは正しい判断でした。たとえば「資源は新たに発見されていない」のにもかかわらず、「資源が発見される」としたとします。すると、「資源はどのくらい発見されるのか」という問いに答えなければなりませんから、この時点で「新たな資源は発見されていない」というのであれば、その答えは「資源は将来的に発見されるかどうかわからない」としておくしかないのです。

これだけ丁寧に説明しても、ほとんどの人は「石油はいずれなくなる」という先入観から逃れられなかった結果、私たちの人生に大きな損失を与えてしまったのです。

「地震や火山噴火は予知できる」という先入観

科学の分野において、日本人が先入観を最も強く持っているのは、地震や火山噴火に関する予知です。1960年代半ばに松代群発地震が起きた際、「地震は予知することはできないのか」という議論が高まり、今から47年前の1969年4月に地震予知連絡会（以下地震予知連）が発足しました。国土地理院から委嘱された学識経験者と関係行政機関の職員30名で構成され、年4回の定例会議を開いて地震に関する情報を共有しているこの組織は、今に至るまで名前の通りの役割を果たしていません。

その理由は後ほどお話しするとして、この組織が発足して、これまでの地震に関する調査を行うと、「東海地震だけが起こっていない」ということが判明しました。東海地震と近い地域で言いますと、１９２３年の関東大震災と１９４６年の南海地震が挙げられますが、関東大震災は神奈川県西部が震源とされ、また南海地震の震源も東海地震とは位置が違います。

その結果、「どうやら東海地震だけが起こり損なったようだ」ということに信じがたい学説が突如として登場し、「東海地震の空白域」などという、聞けばもっともらしい名称をつけて、当時の地震学者たちが東海地方にひずみ計を設置して、大地震に備えて数多くの議論を重ねていったのです。

その一方で、「東海地震が起こるであろう」と予測された震源に近いと思われる地域の住民たちは、いざ地震が起きたときに備えて避難訓練をやったり、あるいは大量に税金が投入されて、セキュリティー面の強化が図られたのです。

ところが、このときに投入された税金は、地震予知連の学者たちにいいように使われてしまったり、挙げ句の果てには研究者の天下りの組織を発足する際の資金源となったり、あるいはセキュリティー面の強化で建設した際のお金が土木業者に回ってしまったりと、膨大な予算は彼らの手によって湯水のように使われてしまったのです。

なぜこのような結果になってしまったのか。答えは明白で、「地震は予知できる」という架空の先入観に侵されてしまったからです。冷静に考えれば地震の予知ができないのは当たり前で、松代群発地震以前までさかのぼると、地震予知の研究は一部の若手の研究者を除いて、国家予算を組んでまで行うことなどありませんでした。

ところが「地震予知の研究」というレールに乗っていったのが東大出身の地震学者であり、霞が関の官僚であり、マスコミが世論を誘導していったというわけです。たしかに地震が起きるのは地下が変動してひずみエネルギーが蓄積しているからですが、だからといって必ずしも地震が予知できるわけではないのです。

たとえばひずみ計を使えば地殻が1㎝ずれている、あるいは10㎝、1mと何㎝のずれが生じているかというのは克明にわかります。しかし、地震が起こるのは1㎝ずれたからなのか、あるいは10㎝なのか、はたまた1mなのか、もしくはそれ以上なのかということまでは、今もって解明できていないのです。

これは今後、地震予知の研究が進んでいかなければわかりませんし、もっといえば研究が進んだからといってわかるようにならない可能性だってあります。ただし、この時点で断言できるのは、「地震予知はできない」という事実なのです。

もしも、地震を予知するというのであれば、それは30年とか50年といった長期的なものではなく、「3日以内に○○に地震が起きる」と断言できなければなりません。30年や50年でしたら、「今の私たちには関係ない」と考えますが、2、3日という短い尺度となれば、「それなら今すぐ避難しなければ」と危機意識が強く働きますし、家族でどうするかを即断することにもなります。

熊本地震を機に「予知できない」と白旗を揚げた学者たち

それを踏まえていくと、今まで3日以内に地震学者が地震を予知したことがあるかといえば、誰一人としておりません。結局、東海地震は一度も起きず、1995年1月に阪神淡路大震災が起きたのですが、これについて地震学者たちは、

「東海地震はプレート型の地震だが、今回の地震は断層型だったから予測できなかった」

と言い切ったのです。その後、2004年10月に新潟県中越地震、2007年7月には新潟県中越沖地震が起こり、2011年にマグニチュード9の東日本大震災が起こりました。マグニチュード9の地震が予知できないのであれば、もはや地震予知は無理であると、白旗を揚げるべきだったのです。

ところが、このとき地震の権威といわれた東大の地震学者は、

「私の学問的信念は、もろくも崩れ去った」

と発言したのです。なんとも難しい言葉でお茶を濁そうとしていますが、自分の非を認めるとほとんどの人は、「そうか。それなら仕方がない」と納得してしまうのですから不思議です。

しかし、私に言わせればこの発言は、「私はウソをついていました」という言葉と同義語であると考えています。学問というのは、予測できるかどうかがハッキリとわかっていて、答えも明確であることが前提としてなければなりません。しかし、このときの地震学者は答えが何なのかがわかっていないのですから、地震予知は学問として成立していないと考えるべきなのです。

2016年4月に熊本地震が起こりました。熊本県熊本地方を震央とする、震源の深さ

11km、気象庁マグニチュード6・5の地震が発生し、熊本県益城町で震度7を観測しました。かつて「大地震が起きるのは富士山を震源と想定した東海地方である」という話が、地震予知連の関係者の間でまことしやかに広がり、「近畿から西の地域では大規模な地震が起こるとは考えにくいだろう」と明言する学者もいたのです。しかも今回の熊本地震は、政府の地震調査研究推進本部が公開した全国地震動予測地図（ハザードマップ）では、「30年以内に震度6弱以上の揺れ」が起きる確率が熊本市は8％と、実に低いものでした。

実は東日本大震災後に地震予知連の関係者は「地震予知」から「地震予測」へと言葉を変えていました。しかし、熊本地震を機に、ほぼ全員の地震学者が、「地震は予測できるものではない」とようやく白旗を揚げたのです。けれども地震学者たちは長年にわたってウソをつき続けたことによる先入観を多くの国民に与えてしまった事実は覆せません。これを大罪と言わずして何と言えましょう。

阪神淡路大震災ではおよそ6400人超、新潟の2度の大地震ではおよそ80人超、東日本大震災ではおよそ1万3100人超、そして熊本地震ではおよそ160人が亡くなりました。「地震は予知できる」と言い続けてきた地震予知連が、まったく余地はおろか、予測すらできずにこれだけの方が被害に遭われたのはもはや詐欺に等しい行為です。

御嶽山の噴火はまったく予知できなかった！

これと同じことは火山噴火の予知にも同じことがいえます。２０１４年9月に長野県の御嶽山《おんたけさん》が噴火しましたが、それまで国民の多くは「地震はともかく、火山は予知できる」と信じていました。なぜなら２０００年3月に北海道の有珠山で噴火がある直前に、北海道大学有珠火山観測所がその兆候を言い当てて、予知することができたからです。

たしかに地震に比べると、噴火は予知しやすい側面があります。マグマや水蒸気がどの程度地下に溜まっているのか、またそれがどの程度溜まれば噴火に至るのか、そして火山性地震があれば何日後くらいに噴火が起きるのかが、過去の噴火事例から傾向を予測しやすいからです。

そこで気象庁は、噴火傾向レベルを5段階に分けて、

「レベル1＝活火山であることに留意、レベル2＝火口周辺規制、レベル3＝入山規制、レベル4＝避難準備、レベル5＝避難」

としていたのですが、御嶽山が噴火したときのレベルはなんと「レベル0」でした。登山者は何も疑うことなく登山をし、山頂の手前で昼食を食べていたときに、噴火が起こり

被害に遭われてしまったのです。

私はこのとき、テレビ番組のコメンテーターを務めておりましたので、多くの情報を集めて事態の状況の把握をしておりました。すると、御嶽山の麓にあった地震計が壊れていたという驚くべき事実が発覚したのです。これを設置したのは名古屋大学の地震を研究しているグループだとわかったので、名古屋大学の関係者に問い合わせたところ、そのことには一切触れずに曖昧な答えに終始していました。火山の微動を測定することを怠っていたのですから、怠慢の一言では許されません。

さらに火山予知連絡会の会長だった東大の教授は、

「火山の噴火の学問はこの程度ですよ」

と発言されたのです。これは、現在の役職を辞任しなければならないほど、罪深い言葉です。学者という立場にある人は皆、「できることはできる。できないことはできない」とハッキリ言わなければ、専門家としての役割を果たしたことにはなりません。

ところが曖昧な答えを繰り返し、肩書が東大の教授だからと、もっともらしい発言をすれば、「あの先生が言っていることだから間違いない」と多くの人は錯覚を起こし、ひいてはそれが「地震や火山の予知はできるんだ」という、誤った先入観を生んでしまうのです。

私はこうした発言を平気で口にする学者と呼ばれる人たちを見るにつけ、「この人たちは学問とは何たるかを理解していないんだな」と情けなく思います。本来でしたら、「まだ火山学は予知できる域には達しておりません」と勇気を持ってこのように発言すればよかったのですが、大惨事となった後の発言では誰も聞く耳を持ちません。

地震や火山の予知は、立派な肩書を持つ学者や大学教授が間違えてしまうと、国民全員が間違った考えを持ち続けてしまうという事実があることを、彼らは今一度かみしめてもらいたいものです。

混乱を極める血圧の正常値

科学の分野、とりわけ医療における間違いは、あってはならないことのはずです。しかし、国やお医者さんが間違った方向に答えを導いてしまうと、国民全員が間違うことになってしまいます。とくにひどいのが高血圧に対する考え方です。

たしかに高血圧だと、脳周辺の血管が破裂して、入院しなければならない事態が起こる可能性がありますが、「高血圧だと生活習慣病にかかりやすいから、血圧を下げなくてはいけない」というのも短絡的すぎます。

こう言うと、「あなたは科学者であって、医者ではないのに何を言うのか」とお叱りを受けてしまうかもしれませんが、私は医者の見地からではなく、科学者として統計的なデータを分析したうえで、このような主張を述べているのです。

そもそも、血圧の基準値は、昔は年齢に90㎜Hgを足したものが、最高血圧における適正な数値だと言われていました。そうなると、たとえば65歳の方だと、

「65（歳）＋90㎜Hg（血圧を示すときの単位）＝155㎜Hg」

となるので、155㎜Hg以下なら正常とされていたのです。この数字の算出方法については、1960年代後半に日本の医学界で広く使われていた『内科診断学』という著書にも明記されていました。

ところが、1970年代に入ると、世界保健機関（WHO）が高血圧の基準を、「最高血圧が160㎜Hg以上、最低血圧を95㎜Hg以上」と規定したことによって、日本でもこの数値を高血圧としました。

さらに、1993年にWHOと国際高血圧学会（ISH）が、新しい分類法を発表したのです。具体的には、血圧の正常値を「最高血圧が140㎜Hg未満、最低血圧が90㎜Hg未

満」と大幅に変え、この最高、最低血圧の数値のいずれかを超えたときには、「境界域高血圧」と呼ぶことになりました。

これは、正常値と異常値の間に、グレーゾーンを作り、血圧の診断をより緻密にしたわけですが、日本では最高血圧の140㎜Hg、最低血圧の90㎜Hgのいずれか一方が数値を超えても、高血圧となってしまったのです。

さらに2014年に日本高血圧学会が示した『高血圧治療ガイドライン』の数値が変更され、正常血圧が120～129㎜Hg（最高血圧）、80～84㎜Hg（最低血圧）という数値に変更されてしまいました。その結果、1960年代から70年代に当たり前とされていた数値の方たち、当時、働き盛りだった20代、30代の方々は、現在は70～80代の高齢者となっておりますが、現在の高血圧の数値の基準に当てはめると、ほとんど全員の方が「高血圧である」と診断されてしまうに違いありません。

さらにいえば、2016年7月時点の日本の人口は、およそ1億2600万人ですが、現在の基準で高血圧だとされてしまうと、なんと7000万人が当てはまってしまうという、健康体の人が国民の半分以下という異常事態に陥ってしまうのです。

郵便はがき

料金受取人払郵便

106-8790

芝局承認

1386

011

差出有効期間
平成30年1月
4日まで

東京都港区六本木2-4-5
SBクリエイティブ(株)
学芸書籍編集部 行

自宅住所 □□□－□□□□	自宅TEL ( )	
フリガナ 氏	名	性別 男 ・ 女 / 生年月日 年 月 日
e-mail @		
会社・学校名		
職業 □ 会社員(業種) □ 自営業(業種) □ 公務員(業種) □ 学生 ( )	□ 主婦 □ パート・アルバイト □ その他 ( )	
SBクリエイティブ学芸書籍編集部の新刊、関連する商品やセミナー・イベント情報のメルマガを希望されますか?	はい ・ いいえ	

■個人情報について

上記でメルマガ配信に合意いただきました個人情報はメールマガジンの他、DM等による、弊社の刊行物・関連商品・セミナー・イベント等のご案内、アンケート収集等のために使用します。弊社の個人情報の取り扱いについては弊社HPのプライバシーポリシーをご覧ください。詳細はWeb上の利用規約にてご確認ください

◆ https://www.aqut.net/gm/kiyaku.inc

愛読者アンケート

この本のタイトル（ご記入ください）

■お買い上げ書店名

■本書をお買い上げの動機はなんですか？

1．書店でタイトルにひかれたから
2．書店で目立っていたから
3．著者のファンだから
4．新聞・雑誌・Webで紹介されていたから（誌名　　　　　）
5．人から薦められたから
6．その他（　　　　　　　　　　　　　　　　）

■内容についての感想・ご意見をお聞かせください

■最近読んでよかった本・雑誌・記事などを教えてください

■「こんな本があれば絶対に買う」という著者・テーマ・内容を教えてください

アンケートにご協力ありがとうございました

ご記入いただいた個人情報は、アンケート集計や今後の刊行の参考とさせていただきます。また、いただきましたコメント部分に関しましては、お住まいの都道府県、年齢、性別、ご職業の項目とともに、新聞広告やWebサイト上などで使わせていただく場合がありますので、ご了承ください。

高齢者の血圧が高くなるのは正常なこと

それでは、高血圧はすぐに治療をしなければならない病気なのかといえば、実はそうではありません。20代と70代の方では数値が違って当然です。若い頃は血管が柔軟で、血管壁もきれいなわけですから、血液が流れやすく、血圧の数値は低くなります。これに加えて、男性よりも女性のほうが血管は細く、血液の流れる量も少ないので、血圧の数値は低くなるので、男性よりも血圧が低めに設定されているのです。

ところが、年齢を経て中年、中高年となっていくと、若い頃と比べて血管が固くなり、血管壁も傷ついていきます。若い頃と同じような圧力で血液を体のすみずみの血管に流そうとすると、末梢の部分まで血液が流れなくなってしまいます。

そこで、心臓は圧力を上げて血液を流そうと試みる。つまり、血管が損傷することを承知で無理に血圧を上げるのではなく、年齢が上がるとおのずと血圧を上げざるを得ないというわけです。これこそが、中高年以後の高血圧の要因の一つと考えられています。

それにもかかわらず、「高血圧は悪」という構図ができあがってしまった。これはなぜでしょうか。

「高血圧は脳出血を引き起こす」と言われていますが、それは最高血圧が２００㎜Hgを超えた場合です。ここまで数値が高くなると、脳卒中などの機能障害を引き起こす危険性が高まりますから、血圧を下げる降圧剤を使用して、血圧の数値をコントロールする必要があるでしょう。

また、このようなデータもあります。脳卒中のうち、血管が破裂して出血した死亡はおよそ3割なのですが、脳血栓による死亡はその倍のおよそ6割もあるのです。薬剤による過度な降圧治療は血流障害を引き起こしやすく、脳血栓の可能性を高めているのです。

実際、80歳の老人の5年生存率と血圧の関係では、血圧を130㎜Hg以下の基準値内に保った場合の5年生存率は低くなり、反対に160㎜Hg以上の高血圧と診断されているほうが長生きなのです。降圧剤を使用した治療は、長生きよりも体調を崩し、命を縮めている場合のほうが多いといえるのではないでしょうか。

すべての人に降圧剤を使用するのは、どうしたって無理があります。繰り返しますが、中高年になれば血管は若い頃と比べ弾力が落ちてきます。健常者であったとしても、加齢とともに血圧は上昇して、冒頭に示した計算方法に当てはめていけば、70歳ともなれば最高血圧は160㎜Hgに達していても、おかしなことではないのです。

高血圧を盛んに訴えて得をする医療関係者たち

それならば、「高血圧は危険だから、血圧を下げなければならない」ということで、得をする人たちは誰になるのでしょうか？　答えは単純明快、製薬会社とお医者さんです。

昔、血圧の最高血圧が160のときには、降圧剤の販売市場は3000億円と言われていました。それが最高血圧を140に下げると6000億円となり、現在の最高血圧だと1兆円を超えたとされています。ですから、血圧の基準を厚生労働省が下げれば下げるほど高血圧患者が増えて、製薬会社が儲かるという仕組みになるわけです。

ただ、これは国が作為的に行ったのか、あるいは結果的にそうなってしまったのか、この点について、私はわかりません。一つだけはっきり言えるのは、現在の基準になってしまったことで、日本の国民のおよそ半分が高血圧となってしまったのです。

その結果、「この数字はおかしい」と疑問を提起した日本人間ドック学会が、病気でない人150万人のデータのなかから、「どこから見てもこの人は健康だ」という1万5000人のデータを選んで、その人たちの平均の最高血圧を調べたら、150㎜Hgだったわけです。そうなると、「一律でこのくらいの数値でいいのではないか」という値を算出した結果、プラスマイナス30㎜Hgとすると、120～180㎜Hgくらいが健康な人の適切な最高血圧時の数値であると結論づけたのです。こうなると、「高血圧は130㎜Hg以上の人」という基準を設ける必要がなくなるわけですから、今のお医者さんの間で当たり前とされている高血圧の基準が根底から覆されてしまいます。

私のケースで恐縮ですが、私の現在の最高血圧の数値は160㎜Hgです。これを医学界の定義に照らし合わせていくと、高血圧と診断されてしまいます。でも、冒頭にお話しした以前の算出方法であれば、70歳を過ぎている私の年齢からしたらまったく問題はありません。むしろ、年齢に合った最高血圧の数値であると言えるでしょう。こうなると、私の最高血圧が高いのか低いのか、実のところ誰も証明できなくなってしまいます。

それが証拠に、お医者さんから「最高血圧が160の数値というのは高いですね」と言われたとき、「160という数値が高いというのは、どういった理由で言われているのですか？　もし高いとおっしゃるなら、私の健康な最高血圧はいくつになるんでしょうか？」とお聞きすると、その返答に苦しむという場面が何度かありました。それもそのはず、お医者さんですら、現在の最高血圧が本当に正しいのかどうか、昔と比べてかなり低くなっていることはご存じなはずですし、160㎜Hgの私が健康的に日常生活を送っていることを見れば、この数値が適正なのかどうか、疑わしくなってしまうからに他なりません。

ただし、厚生労働省で「最高血圧が１３０㎜Hgを超える人は高い」という一応の基準は設けておりますので、この数値を超えてしまった人は、年齢が高い低いと関係なしに、自動的に降圧剤を処方されてしまいます。繰り返しますが、若い頃は血管が柔軟で血管壁もきれいなわけですから、血圧の数値は低くなります。しかし、高齢になると血管が固くなり、血管壁も傷ついていきます。したがって血圧が高くならないとおかしい。いつまでも若い頃の最高血圧の数値と一緒なんて、どだい無理があるわけです。

こういう例で見ていきましょう。20代のときに１００ｍを14秒台で走っていた人がいたとします。ところが、筋肉が衰えた60代以降になると、同じ距離を20秒台で走るのがやっととなる。これは若い頃と比べても筋力が衰えてしまうわけですから、仕方のないことです。お医者さんだって「これは異常ですよ」とは絶対に言わないでしょうし、昔よりも筋力が落ちたからといって、筋肉増強剤を使用するなんてあり得ないわけです。

人間の体は、年をとるにしたがって、筋力は衰えていきますし、血管も固くなっていきます。それにもかかわらず、「筋肉増強剤は使用しない。でも降圧剤は使用する」というのは実に滑稽なことであり、老化現象と相反することをよしとする今のお医者さんの考え方には、疑問と同時に不信感も募ってしまうのです。

塩分を摂りすぎるのは必ずしも毒ではない

この章の最後に、血圧と塩分の摂取量についてお話ししていきます。最近は減塩という言葉に違和感を持たれる方は少なく、むしろ積極的に減塩を進めているのではないかと思いますが、実はこれとて大きな間違いが潜んでいるのです。

昔から塩分と血圧の関係については、マスコミが盛んに「塩分を摂りすぎると、高血圧になる」と言い続けてきました。とくに雪国などの寒い地域の人たちは、塩分の強いものを食べるから、脳出血が多くなると、まるでそれが真実であるかのように伝えてきたのです。

しかし、私に言わせれば、これは大きく間違っています。今から20年ほど前、東大の医学部で総合的な研究が行われ、日本人の5人のうち4人が、減塩しなくても血圧は変わらないという結果を導き出し、これを「食塩非感受性の人」と呼んでいるのです。ただし、このうちの1人は食塩を摂取すると血圧が上がるという傾向があるようです。

ところが、多くのマスコミ媒体は、これまで「食塩を減らしたほうがよい」とさんざんアナウンスしてきたために、今さら「減塩してもしなくても、血圧は高くならない傾向にある」などとは口が裂けても言えないという、ちょっと困った状況に置かれてしまっているのです。

それではどうしてお医者さんたちが、「食塩を摂ると血圧が上がる」と間違った情報を信じ、錯覚してしまったのか、これは科学の基本的な訓練を受けていないからです。医学部では在学中に学ばなければいけないことが膨大にありますが、そのなかでデータの分析の仕方というのを訓練されることはありません。

先の話で例を挙げますと、5人のうち4人は減塩をしなくても血圧が変わりませんが、残りの1人だけは血圧が高くなる傾向にあります。この人だけを指して、「ほら、1人だけ血圧が上がっているでしょう。だから減塩したほうがいいんですよ」と結びつけるのは実に短絡的で、5人を個別に分析し、「本当に減塩したら血圧が下がるのか」という点を注視しなければ、正確な回答は得られません。それを5人の平均値を算出しただけで「減塩は必要だ」などと語ってしまうと、間違った治療によって大事に至ってしまうことだって、十分考えられます。

たとえば高血圧の人がいて、血圧を下げようとします。この人が仮に5人のうち4人のグループに入っていたとすると、一生懸命血圧を下げようとしても、塩分は関係ないわけですから、減塩するやり方はお門違いな治療法となってしまうわけです。高血圧なのは、塩分ではなく、他の病気の可能性が原因であることだって考えられますから、「高血圧は減塩すれば治る」という誤った考えのままでいると、この人は一向に体調がよくなることはなく、他の原因を探らないがために、むしろ悪化の一途をたどることが往々にしてあるのです。

私が調べたところによりますと、長野県の男性は、他のどの都道府県の男性よりも塩分を摂りますが、どこよりも長寿であることがわかりました。どうして塩分を多く摂っても長寿でいられるのかといいますと、「長野県は冬場は寒いので、血管が収縮し、血流が十分体に行き渡らない。とくに農業などの仕事は屋外での作業となるため、寒いところで活動するには高血圧のほうがよかった。それにリンゴなどのカリウムの多い食物を摂っていると血圧が下がる傾向にあるので、かなりの食塩（ナトリウム）を摂る必要があった」と考えるのが妥当なのかもしれません。

間違った知識をなくすには、先入観を疑うことが大切

このように見ていくと、先入観を作り出すそもそもの原因は、学者や大学教授、お医者さんや国といった、国民の側からしたら、「絶対に信じたい人」が間違った方向に誘導していることがわかります。CO_2の削減も、あるいは石油が枯渇するという話も、はたまた地震や火山の予知や高血圧に至るまで、すべてが国民の生活や命を左右するために、慎重に議論していきたい問題ばかりです。

しかし、いわゆる高名な肩書を持った人たちはそうは考えていません。あくまでも、「自分たちの得となるか」「金儲けができるか」、この2点しか考えていないからこそ、たとえ間違ったことでも平気でウソをつけるのです。

そうすると、冒頭に挙げた「太陽は赤」で描く子どもはまだかわいいじゃないかと思えるかもしれませんが、それは大人の側から見た発想であり、子どもたちからしたら幼稚園や保育園の先生というのは、「一番偉い大人の人」と思っているでしょうし、「自分たちの得になる」からなどとは幼稚園や保育園の先生たちを見ていないでしょうが、間違った方向に答えを導いてしまっている点では、先に挙げた血圧の問題と同様の意味合いを持つと、私は考えているのです。

それではどうすれば、間違った先入観の呪縛から解き放たれるのか？　その答えは第1

章でお話しした「受け入れ箱」と「比較箱」を脳内に用意しておくことが大切です。どんなに偉い人の話であっても、「その話は本当なのだろうか？」とまずは疑ってみる。その後、自分で調べてみたり、あるいは第三者の意見を聞いたりしてみて、その話が真実かどうか確かめるべきです。

幸いにも、今はインターネットを使って多角的に分析することもできますし、いわゆるテレビや新聞、雑誌といった既存のマスコミが垂れ流す情報よりも真実が書かれていることだってあり得ます。もし「インターネットで調べられない」という場合であっても、偉い人が過去と今でどういった発言をしていたか、それは一本筋が通った答えだったのか、あるいは発言の変遷がなかったかなどについて、テレビや新聞などで調べていけば、その物事が真実であるかどうかが見分けられるはずです。

たとえば「森林がCO_2を吸収する」については、「成長した青年期の木以外は光合成を行わない」、「石油がやがて枯渇する」は、「石油会社は本当のことを言わない。石油系エネルギーは1万年分ある」、「地震や火山の予知ができる」は、「これまでに予知できた地震は一つもない。予知できれば多くの人が亡くなることはなかった」、「血圧の適正数値」については、「血管は年をとるごとに固くなっていくもの。だから、年齢＋90㎜Hgでよい」と考えておけばよいのです。

「肩書に惑わされて、事の本質を見落とすな！」。このことを肝に銘じておけば、間違った先入観を植え付けられることは減っていくのではないかと、私は期待しています。

第４章

マスコミや専門家の言うことに疑う癖をもつ

「文系」「理系」というくくりの弊害

みなさんは経済学というとどういったイメージをお持ちでしょうか？　数字ばかりで堅苦しいとか、方程式が面倒だとか、あまりよい印象を持たれていないかもしれません。それでは経済学者はどうでしょう？　景気の予測をしたり、お金の儲け方に詳しいという、比較的前向きなイメージ、つまりは先入観を持たれているかもしれません。

ところが、経済学、経済学者ともある致命的な欠点を抱えています。それは「経済学を学ぶ学生は理系ではなく文系であること」「経済学者は景気の予測やお金の儲け方に詳しくない」ということです。こういった発言を聞くと、「それは本当ですか？」と耳を疑う人もいるかもしれませんが、すべて本当の話です。

その理由について、一つひとつ紐解いていくことにします。

日本では高校から大学に進学すると、「文系」と「理系」に分けられますが、世界を見渡したときにこうした二つの分け方をしている国は日本だけです。世界ではあえて大学などの区分けをするとしたら、「エリート」「一般の大学生」「大学に行かない人」という三つの形です。

まずここでいうエリートとは、「すべてのことを知っている」という前提が原則としてあります。次いで一般の大学生は、「ある程度の専門知識はあっても、その他のことは一般常識として備わっていればいい」、大学に行かない人は、日本とは大きく違っていて、「マニュアル通りの仕事をこなしていればいい」という分け方をされていて、文系や理系というくくりで語られることはないのです。

このような考え方になるのは理由があります。日本ですと、「インテリジェンス＝知識の深さ」をよしとしますが、外国では、「インテレクト＝理性や判断力」の部分を重要視しているので、授業では先生と学生たちが活発に議論を重ねていくことが当たり前とされています。

これが日本の場合ですと、第1章でお話ししたように、「いいか、ここは今度のテストに出るからきちんと覚えなさい」と服従型の教育システムですから、先生と生徒が議論をするなんてことは、ほとんどあり得ません。ましてや「インテレクト」でその人の能力を評価するということは、「私は科学以外の知識はわかりません」とか、「私は語学以外はわかりません」という考え方で、外国では通用しません。したがって広い教養を身につけることが、外国人にとっては重要であると考えているのです。

そして広い教養を身につけても、ある専門職として有効であるということはすなわち、相当頭がよい証拠です。こうした人たちがエリート層を形成しているというのが、外国、とりわけ欧米のスタイルなのです。

これに対して日本は、「文系」「理系」と分けていることが、先入観を育てる大きな要因になっています。さらに日本人が物事の是非の判断をせず、服従の原理が働いてしまうのも、インテリジェンスであって、インテレクトではないのが要因であると、私は考えているのです。

日本の経済学者がノーベル賞を取れない本当の理由

そういった意味で現在の日本の経済学は、社会科学、つまり文系に分類されておりますが、本来であれば論理や計算が主の分野ですから、理系でなければならないはずです。今の学生たちを見ていると、経済学を学んでいるにもかかわらず、高校はおろか、中学生レベルの計算問題がわからなかったり、統計を分析することもままならないことも往々にしてあるのです。

それにもかかわらず、それではどうやって彼らは受験勉強を乗り越えてきたのかといえば、公式を丸暗記してその場しのぎの対策だけで合格しただけに過ぎず、数学の本質を理解するには至っていないのです。ですから時間が過ぎれば丸暗記したことなど、頭のなかですっかり忘れてしまいます。

実は最近、「日本の経済学者はなぜノーベル賞を取れないのか」と一部の識者の間でも話題にのぼっていました。これまでにノーベル物理学賞を受賞した日本人は11人、ノーベル化学賞は7人、ノーベル医学・生理学賞は4人、ノーベル文学賞が2人と、それぞれの分野で受賞していますが、経済学の分野は皆無なのです。その結果、「日本で研究している限り、経済学賞は今世紀も無理だろう」と囁かれ始め、「日本人にとっての鬼門の賞である」とまで呼ばれている有り様です。

この点について私は、次のように考えています。

①経済学が文系に分類されているために、数学や理科に弱い人が経済を学んでいるから

②経済学者は政府御用達の学者となってしまうから

③日本の経済学者は、欧米の経済学者が発表した思想を追随しているだけだから

前掲①の最たる例が、1970年代の石油ショックと1991年以降に起きたバブルの

崩壊、さらには2008年9月のリーマン・ショックの三つの出来事です。

石油ショックのときは、「やがて石油がなくなるから経済がたいへんなことになる」と右往左往し、株価や地価のバブルが崩壊したときには、「私たちは実体のない、架空の社会にいたんだな」と多くの人が認識させられたものの、日本経済は「失われた20年」と呼ばれる低成長期へと突入せざるを得ませんでした。

そしてリーマン・ショックのときには、住宅バブルが起きていたアメリカで、サブプライムローンと呼ばれる高リスクの住宅ローンで大規模な損失を計上し、その処理に失敗。その結果、投資銀行であるリーマン・ブラザーズは事実上破産しました。海を渡ったアメリカで起きた出来事ですから、日本とはまったく関係ないように映るかもしれません。

ところが、日本はバブル崩壊を経験していたので、サブプライム関連の商品への投機は少なかったのですが、世界的な金融不安により外国為替市場で安全な日本円への大量買いが行われた結果、急速な円高が進み、輸出に依存している製造業は大赤字になりました。さらに輸出産業の大幅な赤字でリストラが行われ、内需が冷え込み、失業率も上昇したのです。

このように見ていくと、日本ではだいたい20年に一度は何らかの経済危機が訪れていることがわかりますが、その原因として考えられるのは、日本の経済政策が極めてその場しのぎであることです。不況になるたびに景気対策を行ってはみるものの、長期的な効果は得られず、必ず尻つぼみに終わってしまいました。言い換えれば、経済学者と呼ばれる人たちの知識をもってしても、実社会では通用しなかったというわけです。

そして②については、経済学者の意見がほとんど政府寄りであるという点です。経済学者の話を聞いていますと、政府は金利や紙幣の発行数をどうするべきか、あるいはアベノミクスや日銀の黒田東彦総裁が発表した黒田バズーカ砲はどういう方向に進んでいくのかについて、独自の意見を述べるのではなく、あくまでも政府側の意見を汲みとって、それをマスコミを通じて広く世間にアナウンスしている存在に過ぎないのです。

そして最後の③については、欧米の学者の意見を追随するケースが多く、世界が直面している経済事情（たとえば格差や不平等の拡大、大量の貧困者や失業者の発生など、地球規模での人間社会の持続性の崩壊）に対して、独創的な分析や解決法を、日本の経済学者たちが理論的に提示したという話を、私はこれまで聞いたことがほとんどありません。

現在までに、ノーベル経済学賞を受賞したのは、大半以上がアメリカの経済学者で、それ以外となると、イギリスやフランス、ドイツ、カナダ、スウェーデン、イタリアと、欧米中心の経済学者が多く受賞しています。日本の経済学者がノーベル経済学賞を取るには、政府寄りの考えを発表する御用学者ではなく、独自の理論を確立することでしか道は開けないでしょうし、それにはまず、「経済学は文系のもの」という間違った先入観をなくし、理系の人が経済学を学んで発展させていくべきだと思うのです。

「国の負債は1000兆円」に見る責任のすり替え

それでは現状の日本経済についてはどう考えていくべきでしょうか。この点について、私の見解を示したいと思います。

経済は国民の生産高によって回っています。もっとわかりやすくいえば、日本のGDP(国内総生産)の500兆円のうち100兆円は政府が、400兆円は民間企業によって賄われています。そして民間企業が保有している資産の金額は1600兆円、これに対して政府の負債は1000兆円あるといわれています。つまり、政府の資産は100兆円ながらも、負債は1000兆円も抱えている。これに対して民間企業は400兆円を稼ぎ、そのうえ1600兆円もの資産がある状態なのであり、政府は次のようなコメントを残しました。

「日本国は外国に対して360兆円の純資産（総資産から負債を引いたもの）を持っていて、これは世界で見ても断トツの一位です。しかし、国の負債は1000兆円あります」

とくにマスコミ、とりわけNHKは、最後の「国の負債は1000兆円あります」を強調した報道をしました。しかし、これは国ではなく、正確にいえば「日本政府」が残した借金なのです。国というのは、国民とも言い換えられますから、「国の負債」という表現は間違っています。この場合、「日本政府は国民から1000兆円のお金を借りている状態である」というのが、適切な表現となります。裏を返せば「国民が政府に1000兆円貸している」ともいえますから、政府に対して持っている貯金なのです。

ところが政府はそのような発表をしないどころか、次のような言葉にすり替えて、国民に責任を押しつけようとしています。

「日本国は1000兆円の負債を抱えている。これは国民一人当たり800万円の借金を抱えていると同等の意味を持つ。これを子孫に残してはいけない。だから消費税を増やして、1000兆円を返済していかなければならない」

大手マスコミはこうした論理を平気で流し、国民に責任をなすりつけようとしています。本来であれば、次のような表現が正しいのです。

「日本政府は日本国民から、1000兆円の借金をしています。つまり、国民は政府に1000兆円を貸しているのです。このお金は国民の債権ですから、国民の子孫に引き継がれます。したがって日本の子どもは、1000兆円の資産を持っていますので、将来を悲観することなく、安心してください」

前の発言と180度違うことがおわかりかと思いますが、これが現実なのです。けれども、政府はあたかも「国民が借金している」かのような錯覚を起こさせ、それが引いては、「私たちは国に対して借金をしているんだ」という間違った先入観を持たせてしまっているのですから、実に困ったものです。

国民が知らない実に巧みな官僚の天下りシステム

国民が政府に貸したお金はどのように流れているかと言えば、実に驚くばかりです。中央官庁の官僚は、東大を卒業し、公務員試験を受けて、最上級のクラスで合格。その後、各省庁に配属されます。そこで経験を積み、50歳を超えるあたりから順次、退職していきます。そこで退職金が支給されるのは当然ですが、待っているのが世間でも一時期、問題視された天下り生活なのです。

天下り先の年収は、高級官僚だと1年に1500万円くらい、そこに3年ほど勤めたらまた次の天下り先に移ります。そのときの退職金は、勤続年数が少ないにもかかわらず少なくとも1億円、私が調べた厚生労働省の年金局長の場合は3億円近くありました。

このサイクルが2～3回続いて、勤め人としての人生を終えます。つまり、官僚として退職した後でも、1億4500万円から3億4500万円くらいは稼げるというわけです。

こう聞くとたいそう驚かれる人もいるかもしれませんが、ではこのお金はどこから捻出されているのかといえば、「国民が政府に貸しているはずのお金」から、そうあの1000兆円のなかからなのです。

もちろん億単位のお金は簡単には手に入りません。自分が現役の官僚のときに、天下りしそうな関係先にあらかじめ補助金という名のお金を落としておくのです。金額にしてだいたい自分がもらうであろう収入の、少なくとも10倍以上となりますから、天下り先が突然倒産してしまうなんてことはあり得ません。

さらに退職後の天下り先は、自分の出身官僚の傘下となるので、普段から後輩たちの面倒もよく見ておきます。そうすれば、後々自分がその組織に入ったとしても、円滑な人間関係が保てます。役人たるもの、これくらいのことをしておかないと、自分の身は安泰ではないのです。

かくして国民が政府に貸したはずのお金はすべて借金へと変わり、その結果が1000兆円という負債に膨れ上がり、その片棒を担いでいたのが役人、とりわけ高級官僚だったというわけです。

「増税しないと財政破綻」を煽るマスコミと経済学者

そうなると政府は、1000兆円の負債をどうやって返済していこうと考えているのでしょうか。その方法は単純明快で、一つは消費税を上げて返済するという方法です。この場合、どのくらいまで消費税率を上げればよいのか、そして消費税を上げたとして何年で返済できるのか、私なりに試算してみました。すると、消費税率は80％に設定しなければなりません。

たとえば1000円の商品をお店で買ったとしたら、消費税は800円になるということです。これを30年は続けなくてはいけないので、政府は消費税を上げることを見返りに、税金の負担を今より半分くらいに軽減しなくてはなりません。

しかし、これはいくらなんでも非現実的です。だいたい政府が国民から借りたお金を、形を変えてもう一度国民から搾取するというのは、道徳的に許されません。

たとえばAさんがBさんから10万円借りたとします。すると後日、Bさんから返済の催促があったのですが、こともあろうにAさんはBさんからもう一度10万円を借りて、さらに数日経ってからBさんに10万円を返したとしても、Bさんはまだ残り10万円は返してもらっていません。これと同じことを、政府は国民に対して行っているのです。

ところが、ここにはもう一つ、複雑な問題を抱えています。実は政府が国民に1000兆円の負債を抱えているというときに、政府が現在持っている資産は、このなかに含まれていないのです。

したがってそれを加算すると、1000兆円といわれている負債は大幅に減り、おおよそ200兆円くらいとなるのです。このくらいの金額であれば、わざわざ消費税を上げることなく、景気が上向けばGDPだけでも十分に返していける金額なのです。

ですから政府はいくら負債があるのか、正確な数字を算出することが重要となります。日銀は毎年30兆円分のお札を発行していますから、200兆円の負債でしたら、7年あれば返済可能です。だからこそ、負債額が本当に1000兆円あるから消費税率を今の8%から上げなければいけないのかについて厳密に調査し、その結果を国民に対して明らかにすべきなのです。

それにしても、政府は「国は1000兆円の負債を抱えている」などと言って国民を騙したかのような発言を長年にわたってしてきましたが、国民はその言葉によって本当に国が借金を背負っていると錯覚してしまいました。

そのうえマスコミも巧みに世論をミスリードしてきました。その代表格がNHKなわけですが、ニュースなどで「財務省が1000兆円の赤字があります」という言い方をして、国民があたかも1000兆円の負債を抱えているような錯覚に陥らせていたのです。こうした言い方を政府がNHKにさせていたのは、消費税を上げたいからに他なりません。

なぜなら消費税を上げれば、政府が現在持っている資産を切り崩す必要がないのですから、自分たちの身を切り売りするような事態だけはできるだけ避けたいという、小賢しい考えが根底にある一方で、こうした先入観を与えられた国民が一番の被害者となってしまうのです。

それではこうした事実を、先にお話しした日本の経済学者たちは誠実に国民に話しているのかといえば、ほとんど話していないというのが現実なのです。なぜなら彼らは政府とつながっているので、政府が提案してきたものしか議論しないですし、最終的な結論はいつも国民ではなく政府寄りになっているので、経済学者独自の見解などいつまで経っても聞こえてくるはずがありません。

こうした体質こそが、日本の経済学者をダメにし、国民に誤解を与え、そして長い目で見れば未来の子どもたちに悪影響を及ぼしてしまうというわけです。経済学者は決して経済の本質を国民に広く伝えているわけではない、それどころか政府にとって使い勝手のいい存在に成り下がっている。これが彼らの正体なのです。

本書をお読みになられたみなさんも、世の中に出ている経済学の本から今一度経済の知識を増やし、何が正しくて何が間違っているのかを見極めることこそが、子どもたちの明るい未来につながっていくのだと、私はそう信じているのです。

第５章

欧米型思考が歪めた
男女間の先入観

男女間で大事な「そういうものだ」という考え方

人間関係、とくに異性間のことは感情や衝動で考えているものですから、何かと先入観が生まれやすいものです。よく書籍や雑誌、あるいはインターネットなどで出る男女間の揺れる心理について述べている人がいますが、こうした媒体に掲載されている内容は、「多くの人が読んでくれればいい」と興味本位で書かれたものが多いものです。最終的には監修者や作者が「自分が世に出て売れたい」という野心がありますから、読んだ人は間違った先入観を植えつけられやすい側面があります。

たとえば男性が恋人の性格のことで相談したとします。「どうすれば改善されるでしょう？」と他人に聞いても、結局は本人ではないのですから、納得できる解決方法が見いだせるはずもありません。このような相談をこうした媒体を通じて行っている人というのは、心の根底で「相手が悪い、自分は悪くない」と思っているものです。それを認めてほしいがために、こうした媒体に相談している人が意外と多いのではないでしょうか。

その結果、間違った考えを起こして夫婦関係がこじれて離婚したり、最悪、暴力事件や殺傷事件を引き起こすという不幸な事態も現実問題としてあります。これでは何のために相談したのかわかりませんし、誰も幸せになっていない時点で、相談したこと自体が失敗だったともいえます。

断っておきますが、私はなんでもかんでも他人のせいにするなとは言いませんし、自分（相談者本人）の行いが悪いとも言いません。まずは自分がどうしたいのか自分の意思を持ち、最終的に自分がどうしたいのかを判断するべきだと考えています。それによって直せるところやそうでないところ、あるいは相手に歩み寄れる部分やそうでない部分というのは必ずあるものですが、それはそれでいいというのが、私の考え方なのです。

お互いが育ってきた時代や環境、家族、友人、学校、そして年齢が違えば、どんなに自分の意見を主張したところで、すべてが同じになるはずなどありません。本来であれば、あまり自分の意に反するところには深く立ち入らず、共通する部分だけをピックアップして、お付き合いしていくべきなのです。

また結婚をすれば、お互いの考え方の違いはあちこち出てくるはずです。恋人関係の状態であれば、相手のイヤな部分は見ないこともできるでしょうが、結婚するとなったらそうはいきません。自分の正しさと相手の正しさが衝突することだってあるでしょう。でもそれでいいのです。なぜなら自分にはない、相手の正しさを知ることができるからです。

結婚生活は相手の考えを自分に取り込む最大のチャンスなのです。それができれば、あなたの人生は単純計算で2倍広がります。

このようなときこそ、第1章でお話しした脳のなかの「受け入れ箱」を使うべきなのです。とことん相手の話を聞いて、自分と意見が違うとか、同じであるとかは関係ありません。相手が何を主張しているのか、そのことのみを理解しようと努めるのです。

そして時間が経ったときに、「比較箱」に入れてみる。そこで理解できるようになっているかもしれませんし、万が一、否定的な考えになっていたとしても、それはそれでいいのです。他人の正しさを受け入れたり、あるいは考えたりすることができれば、自分の人生も広がっていくので、プラスになると考えて間違いありません。

日本のカップルや夫婦は、「相手のすべてを理解して、考え方も一緒でなければならない」という先入観を強く持っていますが、こうした考えに固執してしまうと、無理をして相手に合わせなければならないので、自分が緊張して気疲れしてしまいます。これでは健全な人間関係を築くことなどできません。

かつてイエス・キリストは、「人間の付き合いは関係が濃ければ濃いほどこじれる」という主旨の話をしていたといいます。たとえ考え方が違っていても不平不満を抱くのではなく、自分と異なる部分は、「そういう考え方もあるんだな」と認識し、自分の考えを押しつけすぎないことが重要です。

歴史的に見れば日本のほうが女性の活躍の場が多かった

日本人が抱いているもう一つの先入観は、「日本のほうが欧米よりも遅れている」、あるいは、「日本よりも欧米のほうが優れている」という考え方です。これはとくに女性のほうが強く考える傾向にあり、女性が抱える不満の一つになっていますが、これは大きな間違いです。

もともと欧米は狩猟民族ですから、男性中心の社会となっています。聖書に書かれているアダムとイブの物語を読んでもわかる通り、「女性はアダムのあばら骨からできた」、つまり欧米の男性は女性は所有物であるという考え方が根強くあります。たとえば「レディファースト」という言葉は、女性が男性の所有物であるから、男性が女性を立てるという意味なのです。

これに対して日本の場合は、最初の神様が日本神話の女神として描かれているイザナミでした。次いで登場するのが、イザナミを母に持つ天照大御神《アマテラスオオミカミ》です。弟のスサノオノミコトは、泣き叫んだり暴力的な面が出たりして難しい性格である一方で、天照大御神は太陽の神として、すべての生き物に生命を与える役割を果たしました。その後、古事記や日本書紀などに描かれている、邪馬台国の卑弥呼《ひみこ》はもちろんのこと、平安時代頃までの日本は、女性が活躍する社会だったのです。

そのことを象徴したのが、女性天皇の存在です。さまざまな諸説がありますが、最初に誕生したのが第33代の推古天皇、聖徳太子が活躍した時代でした。その後、列挙すると、第35代の皇極天皇、第37代の斉明天皇、第41代の持統天皇、第43代の元明天皇、第44代の元正天皇、第46代の孝謙天皇、第48代の称徳天皇と6世紀末から8世紀にかけて、8人の女性天皇が存在していました。ちょうどこの頃は、飛鳥時代から奈良時代にかけて、大きな戦がなく、平和な時代でした。

その後、女性天皇は江戸時代に第109代の明正《めいしょう》天皇と第117代の後桜町天皇が即位しましたが、やはり戦のない、天下泰平の時代でした。見方を変えれば、戦乱の時代に女性の天皇はいなかったということですが、「女性が男性よりも活躍していた時代」は過去の歴史において確実にあったことがわかります。

世界で最初に小説を書いたのは紫式部

女性の活躍はこれだけにとどまりません。たとえば「書く」ことでいえば、平安時代の男性は『将門記《しょうもんき》』のような軍記物などの記録文しか残せませんでしたが、女性は平仮名を十二分に使って、小説や詩を書き残すことができました。その代表が、『枕草子』を残した清少納言であったり、『源氏物語』の紫式部だったりするわけです。

とくに、『枕草子』は「日本における随筆の起源」、『源氏物語』に至っては、「世界最古の小説」ともいわれ、小説のようなフィクションは男性よりも女性のほうが長けていたという見方ができます。

これに対して、欧米で最初に小説を書いたのは、イギリス初の女性職業作家として知られるアフラ・ベーンの『オルノーコ』という、17世紀半ば頃に書かれた作品です。彼女はオランダ系の商人と結婚しますが、1年半で死別してしまいます。小説を書き始めたのは未亡人になってからで、妻である間は小説を書く自由がなかったのです。

当時のヨーロッパでは、女性は男性の付属物であり、所有物と見られていました。このような関係ですと、女性が男性から虐げられていますから、「男女平等」を声高らかに叫び、その権利を獲得していく方法を必死になって考えていったのです。

しかし、日本は男女の果たす役割が違っていたために、男女を比べるという思想はこれっぽっちもありませんでした。

もともと男女はそれぞれ役割分担がありました。男性は外に出て田畑を耕したり、あるいは狩りをしたり、ときには戦に行って自分たちの領土を守ることをよしとしてきました。その一方で、女性は家を守り、子どもを育てることでその役割を果たしていたのです。

そうして平安時代以降は源氏と平家の戦いがあったり、あるいは室町時代は応仁の乱、そして戦国時代へと突入した後、徳川家康が江戸幕府を開いて、いったんは天下泰平の世の中となりました。しかし、そこから幕末の混乱期を迎え、そして明治時代の日清・日露戦争で勝利した後に、昭和初期の満州事変からやがて日本の未来を大きく変えた太平洋戦争へと突入したのです。

平安時代末期以降は、国内外で歴史を二分するような大きな戦争が頻繁にあったので、男性中心の社会となったのですが、それでも家のなかにおける妻の役割はそれまでの時代と変わらず「家を守り、子どもを育てること」に重きを置いていたのですから、この間の時代の夫と妻の関係は平等であったと言って差し支えないと思います。

話は元に戻りますが、日本と欧米とを比較すると、清少納言や紫式部は平安時代中期、つまり10世紀から11世紀あたりですから、欧米に比べて6～7世紀以上早く、女性が小説を書いたことになるのです。また、このことは男性と女性が差別されることなく、平等に社会で活躍できていた時代であったとも言い換えられるのです。

「欧米型の考えが正しい」が歪めた男女共同参画社会運動

男女が対等に社会のあらゆる分野における活動に参画する機会が確保されるべきという理念のもとに、1999年6月に男女共同参画社会基本法が施行されました。この法律は、男女雇用機会均等法と誤解される人がいるようですが、男女雇用機会均等法は雇用に関することだけの法律で、男女共同参画社会基本法は社会活動全般に関して規定している法律です。

この法律によって、「ようやく女性にも明るい門戸が開かれるかもしれない」、そう考えた人も多いのではないでしょうか。

ところが、結果は違いました。

たしかに一部の特定の女性は、オピニオンリーダーとして、男性顔負けの仕事をこなしていますが、大半の女性は「そこまで仕事に打ち込みたくない」「仕事と家庭のバランスを考えながら仕事を続けたい」と、求める仕事のレベルや分量のギャップに悩まされているという現実があるのです。

問題はこれだけにとどまりません。男性はもとより、経営者も思考の変化が求められました。男女共同参画社会基本法によって、雇用する側、つまり経営者の意識を根底から変えてしまったのです。

終身雇用が当然だった昔は、社員は家族同然とばかりに、経営者は社員の家族の生活を丸ごと面倒を見るという気構えを持っていました。ですから中小企業ともなると、社長の報酬よりも社員の給料のほうが高いということも、結構あったのです。

これは社員にとってもメリットがあり、社長が「家族同然」と思ってくれているのですから、「会社に骨を埋める」という覚悟を持って、安心して仕事に取り組むことができたのです。また、そうした精神を持っていた社員も数多くいました。

ところが、女性が男性と同じように働けば、一家丸ごと面倒を見るという責任感が薄らいできます。そうなると社長と社員は「家族」ではなく、「雇用者と単なる従業員」へと成り下がってしまい、挙げ句には契約型社会へと変化をして、「雇用者と契約労働者」となって労働者がより簡単に首の切られる社会へと構図が変わってしまったのです。

賛否があるのを承知で言いますが、私は男女共同参画社会運動は失敗だったと見ています。この法律は、もともと欧米の考え方を汲みとり、作られたものです。しかし、社員を大事にするという経営者の精神をガラリと変えてしまったわけですし、もともと日本の企業体質には合わなかったものを、無理やり合わせようとしたのですから、うまくいかなくなって当然なのです。

正社員と非正規社員の雇用の問題は、ここ最近ずっと取り上げられていますが、一向に解決する気配すらありません。それもそのはず、男女共同参画社会運動が続く限り、またこの運動の本質をみんなが理解しない限り、今の混沌とした状況が半永久的に続くことになるのは間違いありません。

「子どもを2人以上産むこと」発言の真意

もう一つの問題は、子どもを産むということの大切さです。これは日本では非常に強く受け止められていて、「女性は家を守り、子どもを育てる」ことが大切だと、昔から言われていました。これは「命を大切にする」ということと同等の意味を持ちます。

命を大切にするということは、一人の人間の命をどんなに大切にしても、平均寿命だけで見ればおおよそ80年くらいで終わってしまいます。ここで言う「大切」とは、永久に続かせるということです。

そのためにはまず、男女ともに結婚することです。ある個人がこの世に生を受けて生きているのは、この本を読んでいるみなさんの両親が結婚されたからです。社会は男女が結婚することを求めていますから、結婚して子どもが生まれ、スクスク育ちやがて大人になって結婚したら、子どもが生まれてスクスク育って大人になる……このサイクルが繰り返されるからこそ、人は後世までつながっていく。つまり、「命を大切にする」という教育とは、すなわち結婚することを勧める教育なのです。

その意味で、2016年3月に大阪のある市立中学校の校長先生が卒業式で、「女性にとって最も大切なことは、子どもを2人以上産むこと。仕事でキャリアを積むこと以上に価値がある」と発言し、「女性蔑視だ」とインターネットで炎上し、またマスコミ、とりわけテレビのワイドショーなどで批判された騒動がありましたが、私は誠に見識のある、立派な発言だったと思っています。この校長先生の発言を批判するのは、どう見ても偏見以外の何物でもありません。育児と会社の仕事を比較すると育児のほうが大切であり、子どもを産んで育てている母親のほうが価値のある仕事をしていると私は思っています。

私は昔、会社に勤めていた当時、部下の妻が2人目の子どもの出産を控えていて、小学校の先生をされていたそうですが、「2人目を産んだら育児に専念したほうがいいかもしれない」と悩んでいたのです。私は部下からそのことを相談されたとき、「仕事と育児の二つのことを同時にできないのであれば、お子さんを育てるほうがはるかに貴重な仕事です」

と考えるまでもなくそう答えました。それから30年近くが経っておりますが、私は今でもその考えは変わっておりません。

「育児と仕事の両立」を妨げる先入観

その点を踏まえて日本における男女間、あるいは夫婦間を見ていくと、女性をとても大切にしてきた文化だったと思っております。「男は仕事、女は家事」という役割分担は、今では否定されがちですが、その役割分担こそが女性を尊重し、子どもを明るい未来につなげていく大切な仕事だと私は思うのです。

つまり、女性は子どもを産んで育てることがとても負担であり重労働なわけで、それをどう緩和するかは、男性が永続的に仕事をして、お金を稼いでくる。これに対して女性は家のなかで子どもを育てるという貴重な仕事に専念するというのが理想です。

さらに言えば、最近の家電製品の発達は目覚ましいものがありますから、育児に専念している女性は、時間に余裕ができれば社会に貢献できるよう、仕事で力を発揮できる社会体制を作ればいいにもかかわらず、出産後の女性の人生の生き方についての哲学が、ほとんど議論されていないので、待機児童の問題が生まれてしまい、育児と仕事の両立に悩まされてしまうわけです。

これは「日本よりも欧米型の考えが優れている」という日本人が持つ先入観が引き起こしてしまった結果であり、また日本のよりよいシステムにまで手をつけようとしてしまっているのが現状です。今のままでは日本の女性が不幸になってしまうということを肝に銘じて、どうすれば日本の女性は幸せな人生を歩めるようになるのか、今まさに分岐点であり、多くの議論が必要なのではないでしょうか。

男性と渡り合うことができる優れた女性が必要な一方で、優しく家庭向きの女性も世の中では必要とされています。現実の課題を踏まえ、女性の生きがいや人生設計を考えることこそが、よりよい日本型の社会システムを構築できると、私は強く信じているのです。

エピローグ

先入観を外すと柔軟な発想が生まれやすい

「怖い人」と「怖そうな人」は全く別者

選挙のとき、あなたなら候補者のどこを見て投票しますか？　こう質問すると、戸惑う人は多いかもしれません。ある人は、「人気と知名度があるから」と言い、またある人は、「誠実そうな顔をしているから」と考える人もいるかもしれません。

しかし、ちょっと待ってください。政治家を志すのであれば、当選後のビジョンが大切なはずです。選挙で投票してくれた人の代表として、議会に提案をしてそれを貫き通すだけの信念があるのかどうか。あるいは、みんなが今より住みよい生活が送れるようにするための政策をきちんと持っているかどうか。こうした点を見極めずに、人気や知名度、人柄だけで候補者を選んでいるようでは、往々にして選挙民が後で泣きを見る結果になってしまうものです。

政治家とはイコール、権力を持つことと一緒です。選挙に出る候補者のなかには、政治家になりたいだけで、当選後のビジョンを持たない人は実際にいます。こうした人はいったん権力を手にした途端に、選挙活動中とは打って変わって豹変してしまい、自分の保身しか考えない、選挙で一番選んではいけない政治家へと成り下がってしまうものです。

そこでこんな質問をしてみると効果的です。たとえば市議会議員になりたいという人が選挙の候補者だったら、「あなたはどういう政治をやっていきたいとお考えですか？」と、まずは聞いてみてください。そこで返ってきた答えが、「若い人の声を反映できるような政治がしたいです」と言っているような人はダメです。政治家として、みなさんのことを考えた政治ができるような見込みはないと、判断していいでしょう。

「若い人の声を……」などと言うと、もっともらしく聞こえますが、その前に市の予算規模はどのくらいあるのかを知り、市政の総合計画などに目を通したうえで、その地域の人にとってどんな政治をしていくのがベストなのかを知らなければなりません。市の予算規模や市政の総合計画などは、各自治体のサイトや地方自治法関連の本で誰でも調べることができます。当然、選挙に出るというからには、このくらいのことは押さえておかなければならないでしょう。

とくに東京と地方では予算の規模が大幅に違いますし、たとえ政令指定都市であっても、財政の潤っているところとそうでないところの格差は、少なからずあるものです。そうした現状には目もくれず、「若い人の声を……」と言っているようでは、たとえ当選したとしても、選んでくれた地域の人たちに貢献するような政治家にはなれないと見るのが妥当なところではないでしょうか。

これとは反対に、コワモテの顔をした人が政治家になったとします。序章でもお話ししたように、人は外見の印象から相手を判断することが多いので、いかにもそのスジの人とつながりを持っていそうな顔というだけで、「あの人は絶対に裏で悪いことをしている」「きっと自分のことしか考えない人だよ」などと、多くの人からダーティーな目で見られがちです。

ところが、実際は高齢者のための介護施設を増やしたり、子どもたちの教育環境の充実に力を注いだり、あるいは道路を広げてバス便を増やし、交通網の拡充を図ってみたりと、地域の人たちのための政治を行っているではありませんか。こうなると、「あの人は……」などと陰口を叩いていた人たちも、「あれ？　見た目と全然違うぞ」とイメージが180度変わってしまうものです。

実際にこの政治家の話を聞いてみると、市政のことはよく勉強しておられるし、選挙区の人たちの声も熱心に聞いて、そこで出た意見を議会にどう反映していくべきか、日頃から熟考していることもわかりました。こうした地道な努力を積み重ねてきたからこそ、「この地域の人たちにとって、どういった政治をしていくべきか」を見極められたのだと思います。

ですから、「あの人はクリーンなイメージだから信用できる」とか、「あの人は怖い顔をしているから、裏では何か悪い取引をしているはずだ」というように、見た目の印象だけで人を判断してはいけません。ビジョンが明確であるかどうか中身の部分を知り、こうした客観的な情報を得てから総合的に判断することが大切なのです。

情報発信者の意図を見抜けば先入観は外れやすくなる

少し前の話ですが、伊勢新聞の社長さんとお会いしたときに、「全国紙はいずれなくなります。世の中の状況を照らし合わせると、この流れは止まらないと見るべきでしょう」とお話しされる一方で、「地方紙は地元の情報を伝えることの価値があるから、生き残る可能性が高いでしょう」と分析されておりました。

日本新聞協会が集計した2016年10月時点での新聞の総発行部数（一般紙とスポーツ紙の合計）は4327万部と、1年前に比べて97万部も減っているのです。新聞の総発行部数のピークは、1997年の5376万部でしたので、19年で1049万部減少したことになります。これは日本最大の発行部数を誇る読売新聞が、一紙丸ごと消えたのと等しい数字なのです。

新聞が減少した理由は実に明快で、人々の情報収集の仕方が新聞からインターネットに変わったからです。新聞の総発行部数がピークとなった翌年の１９９８年にアメリカではグーグル株式会社が設立され、２００２年にはブログが急速に拡大し、２００６年ごろからツイッターやフェイスブックといったＳＮＳ（ソーシャル・ネットワーキング・サービス）が急速に普及しました。そうして２０１０年以降、スマートフォンが普及し始めると、新聞の部数減少の傾向に拍車がかかり、今に至っています。

そしてインターネットの利点は、「真実の情報が新聞以上に見つけやすい」ことです。ただし、インターネットの情報がすべて正しいかと言われればそんなことはなく、なかには有象無象の内容や、誹謗中傷を書いた記事もあり、そうした情報すべてを鵜呑みにすべきではないのも、また事実なのです。

そこで、「〇〇が伝えているから絶対に正しい」という服従の考え方はせずに、情報発信者の意図を考えてみることです。この場合で言えば、新聞に書かれている情報に対して、「なぜこの情報を伝えようとしたのだろう」といったんは脳のなかの「受け入れ箱」に入れ、すべてを吸収してみます。そうしてインターネットに書かれている情報を「比較箱」

のなかに入れてみて、その情報がどう正しくて、どこが間違っているのかを見極めることです。

たとえば第1章でお話しした「タバコを吸ったら肺ガンになる」のと、「タバコを吸っても肺ガンにならない」という情報は、まったくの真逆です。この二つを比較して、情報の真偽をはかるには、人は自分の希望や観測に合致するものだけを「正しい」と認めがちなので、その情報が客観的な事実があるのかどうかや、自分自身で実地検証を行ってみたものかどうか。さらにはその情報源はどこからなのかなどを調査してみれば、どちらが正しいかどうかが明らかになってくるものです。

今、新聞は「情報を正確に伝える」ことが、100%できているわけではありません。東日本大震災後に福島第一原発事故が起きた際、真実を伝えたのはどの新聞だったでしょうか？　私が知る限りでは、残念ながら一つもありません。政府が発表した内容をそのまま記事にし、何が一番危険で、何が安全なのか、詳細に分析していた様子もありません。

かつて「原子力の父」と呼ばれていた正力松太郎氏は、読売新聞や日本テレビを使って大々的な原発推進キャンペーンを次々と打ち、初代の原子力委員会の委員長にまで上り詰めた人物です。こうした実績を作り上げた人をトップに据えていた読売新聞が、原発にいかなる事態が起ころうとも、「反原発」の立場をとれないのには、こうした経緯があるためです。

読売以外の大新聞だって、多かれ少なかれ何かしらの利権が絡んでいるために、政府や政府寄りの学者のプロパガンダとなり、下の者が正論を書こうとすると、上からストップがかかってしまう。真実に対してフィルターをかけてしまっているのが、現状における新聞ジャーナリズムなのですから、新聞に真実の情報を求めるのは、もはや酷なのかもしれません。

だからこそ私は思います。私たち日本人が、間違った先入観を持たないようにする方法の一つとして、目の前で起きていることを疑う目を持つことこそ大事なのです。そして可能な限り自分の目でいろいろな角度から調べてみること。そうすることで、本当の真実にたどり着けると、確信しています。

人が天寿を全うするために必要なこと

最後に命についての考え方をお話ししたいと思います。

「天寿を全うする」ことは、生きているみなさん全員がお考えになられていることでしょう。裏を返せば、自ら命を絶ったり、あるいは重い病や不慮の事故で亡くなったりするのは、天寿を全うしていないという考えを持つ人もおられるかもしれません。

ところが、自殺や病気、事故などで亡くならなければ天寿を全うするわけではないのです。動物が長く生きるためには、三つの原則があります。

まず一つ目が、体の大きさによってその後の生きる運命が違ってくることです。たとえば小さくてすばしっこい動物が1秒でクルッと振り返ったとします。これに対して、ゆっくり動く動物が30秒かけて振り返ったとすると、すばしっこい動物の寿命が1年だとしたら、ゆっくりした動物は30年生きることができます。

つまり、神様は動物の大小に関係なく、同じ時間だけ生きるようにさせたのではなくて、振り返るという「行為の回数」によって、平等の運命を与えたのです。これに加え、人間のように知的指数が高い動物は、先の動物たちのように、行為の回数には関係なく、寿命がもっと延びていくことも、さまざまな研究から明らかになっています。

動物が長く生きるための二つ目の原則は、子どもに命を授けることです。たとえば海に泳いでいるサケは、産卵期になると川の上流に昇っていき産卵をするためにオスとメスが受精しますが、両者はこれを見届けたら直ちに死にます。悲しい話ではありますが、これはサケの体のなかにある「死のスイッチボタン」が自然と押されてしまうからです。

サケはなぜこんなにも早くに死んでしまうのかといえば、理由があります。それはサケが遡上《そじょう》する日本の川は世界的に見ても長いうえに、十分な栄養のとれるエサにもありつけないため、まだ稚魚のうちに川の下流に下っていくと、ほとんどの稚魚は途中で栄養補給ができないために餓死してしまいます。

そこで、過酷な状況を生き抜いたサケだけが生き残り、大人へと成長してから再び川に戻ってくるのですが、オスとメスが受精するとこれから生まれてくる卵たちの栄養とするために自らの体を犠牲にして死んで食べてもらうのです。つまり、天寿というのは子どものために命を絶つ、とも言い換えられます。

そして最後の三つ目は、自分自身の存在が社会の役に立っているかということです。哺乳動物のメスは子どもを産んで、生理がなくなったら直ちに死にますが、人間の場合は生理が終わってもすぐに死ぬようなことはありません。なぜならわが子を育てたり、あるいは世の中のために奉仕活動をしたりといった、人に対してお世話をすることで長く生きることができるのです。

これはオスも同様の意味を持ち、子どもを作ったり、あるいは家族と過ごしていると長く生きられますが、動物に限らず、人間も単身のままだと、平均寿命よりも短い生涯となるのです。たとえばライオンは群れのボスとして君臨しているときには平穏無事に暮らしていますが、ボスの縄張り争いに負けて、群れから離れて孤立してしまうと、ひっそりと寂しく死んでいきます。これは人間も同じで、一人で生きていくことはできません。生きている間に誰かのために貢献していなければ寿命が短くなり、「何のために生きてきたんだろう」と不要な悩みを抱えてしまうことも往々にしてあります。

ですから結婚をしていること、異性のパートナーが常にいること、世のなかのためになっていること、この三つが揃って初めて人間界における長寿の原則となるわけです。どんなに健康に注意していても、人とあまり触れ合う機会がなく、常に孤独で一人ぼっちだという人は、生きる意味や目的を見出せなくなり、結果的に早く命を失う場合が多いのもまた事実です。

こうした寿命の関係についても、学校で習ったことやマスコミが言っていることを鵜呑みにせずに、「自分にとっての幸福な人生とは何か」について、今一度見つめ直していただけたらと思います。

巻末対談

武田邦彦
×
マツコ・デラックス

（コラムニスト）

「世の中にはびこる先入観とは何か」

マツコ・デラックス
1972年千葉県生まれ。美容専門学校を経て、ゲイ雑誌の編集部勤務。その後、コラムニストに。『ホンマでっか!?TV』(フジテレビ系列) など、多くのテレビ番組に出演中。

✤トランプ氏が大統領選挙に勝利しても、株価は下がらなかった

武田　今日はよろしくお願いします。マツコさんとはテレビ番組の共演で7年ほどお付き合いがありますが、こうして二人で話すのは初めてですね。

マツコ　アタシこそお声がけいただいてありがとうございます。武田先生とこうして1対1で向かい合ってお話しできるのを、実は楽しみにしていたの。以前、別の企画で池田（清彦）先生との共著（『マツ☆キヨ』新潮社）で対談させていただいたことがあったんだけど、これでアタシは『ホンマでっか!?TV』（フジテレビ系列）の両巨頭を制したと言っても過言ではありませんね。ホントにもう、これから先、人生でどんなことがあっても思い残すことはないわ（笑）。

武田　そこまで言ってもらえると光栄ですね（笑）。今日は「人はどうして先入観を持つのか」というテーマでお話を進めていきたいと思いますが、まずは2016年の時事ネタから話していきましょう。

アメリカではドナルド・トランプ氏が、ヒラリー・クリントン氏を破って大統領選挙に

勝利しましたが、実は私は大統領選挙の1週間前に、アメリカで持っている株やファンドをすべて売却してしまったんです。なぜなら、「トランプ氏が勝利したら株価は下がる。だから今売ってしまって、あらためて買い直したほうがいい」と考えていたので、そのことを某銀行の支店長に話したら、「そんなことはないでしょう。ヒラリー氏が勝つと思います」と返されたのです。

私は、「それならば、勝負に出て株を売ったほうがいい」と言って、大統領選挙の前日にすべての株を売却してしまいました。そして投票が終わって開票速報を見ていたら、当初はヒラリー氏が有利だという情報が入ってきた。「ああ、私の目論見《もくろみ》は外れた。株を売ってしまって大損したな」と思ってしばらく静観していたら、トランプ氏が逆転して、そのままヒラリー氏を突き放しているではありませんか。

そうしてトランプ氏が選挙で勝利し、株価は下がってしまった……と思いきや、日本では株価は一日だけ下がっただけで、翌日からは上がる一方だという。それだけではなく、アメリカではトランプ氏が選挙で勝利した翌日から上がりっぱなしだというので、結局、私の目論見は外れ、株を売ってしまったことで大損してしまったのです。

マツコ　財産を売るって、勇気のいることですよね。

武田　たしかにそうなんです。でも株が損した一方で、「トランプ氏が勝利する」という予想は当たりました。なぜ当たったのか、これはヤマ勘でも、当てずっぽに言ってみたわけでもありません。私なりにきちんとした根拠があっての話なんです。

人間というのは、日頃から情報に支配されています。日米のマスコミがヒラリー氏側についたときに、国際政治学者の藤井厳喜さんに選挙情勢についてどこを見たら良いかをお聞きしたんです。藤井さんが教えてくれた情報源を見ると、ＣＮＮではヒラリー氏優勢だと言っていたのですが、トランプ氏の経済政策を聞いていると的を射ているし、民衆の心もつかんでいる。おまけに、言われている以上に、インテリ層の支持も得ているという。そこで私は、「トランプ氏が勝つかもしれないな」と踏んだのですが、「インテリ層がトランプ氏を支持している」という情報についてまで詳細に分析しておけば、自分の株やファンドを売却するような事態は避けていたと思います。

✤「ヒラリー氏優勢」報道はなぜ起きた？

武田　ただし、このとき一つの疑問が浮かんできます。それは「どうしてヒラリー氏が事前の世論調査では有利と言われていたのか」ということなんです。とくに日本の報道では、大統領選挙が近づくにつれ、「ヒラリー氏が優勢」の一点に集中していた。

どうしてだろうと思った私は、あるときNHKのニュースを見ていたとき、大統領選挙の行方について事細かに解説していたニューヨーク支局長は、まるで取材をしていないことがわかったのです。つまり、自ら行動してつかんだオリジナルの情報は一切なく、CNNなどが伝えている情報をそのまま鵜呑みにして、日本の視聴者に伝えているに過ぎませんでした。

マツコ　たしかにアメリカっていい加減な国だけど、リベラルであろうとすることが彼らにとってプライドであり、そこでバランスを取り続けるだろうっていう先入観が、多くの日本人にはあったと思うのね。とくに資産を持っている人ほど、リベラルであろうとする精神を国内外に見せることが、自分たちのプレゼンテーションになると考えていたじゃないですか。

そこで、「リベラルであることが、アメリカ人のエリートとして正しいことであるというセオリーを、エリート層の人たちが崩すはずがない」という思いが日本人にはあったと思うの。日本でもナショナリズム的な政治にどんどんなってきているけど、アメリカっていう国はどこかノー天気なところもあるし、アメリカ人だってそこは世界的な潮流には乗らないっていうプライドがあるって、日本人が勝手に決めつけていたところがあったはずなのよ。

武田　最後の拠りどころはそこしかないということですね。

マツコ　アメリカ人の最大の誇りは、「私たちはリベラルとしての誇りを持って歩み続ける」というのが、アタシたちの一方的な思い込みとしてあったと思うの。アタシも、アメリカ人ってそこを最後に考えてバランスをとる人たちなんだろうなっていうのがあったのよね。

だから、今回の大統領選挙でアメリカ国民がそうしなかった姿をまざまざと見せつけられて、「ああ、本当に世界はこれから変わっていくんだな」と覚悟したわ。「世界の政治なんてアタシには関係ないことね」なんて思っていたら、それこそ風が吹いたらどこかに飛ばされちゃうっていうか、時代の潮流に飲まれて消えてしまうかもしれないって思ったの。

武田　大統領選挙が終わって数日してから、私は銀行の支店長に、「なぜ武田さんはトランプ氏が勝つと予想されたのですか？」と聞かれましたが、そのときはこう答えたんです。「私が見たところ、今は世界の政治がおかしいんです。なぜなら『みなさんのためになる政治をしますよ。そのためには福祉政策に力を入れますし、年金制度だって手厚いものにしますよ』などと言っていたにもかかわらず、アメリカ全国民のうち1％の人だけが巨額の資産を持っていることが判明した。『みんなが幸せになる政治を目指す』と言っておきながら、実は悪いほうに向かっているのではないか。そう分析していたからなんです」

日本だってアメリカ同様に政治がおかしくなっています。企業のトップ、いわゆるＣＥＯと呼ばれる人が10億円もの年収を得ているかと思えば、正社員にもなれない派遣で働いている人たちの年収は３００万円、もしくはそれすら満たない人だっている。しかも世の中で働いている人の割合からすれば、こうした層の人たちは40％もいるではありませんか。

ですからアメリカでヒラリー氏が政策でまともなことを言えば言うほど、「それはおかしいんじゃないか」「ひょっとしたら無理を承知できれいごとを並べているだけなんじゃないか」と疑ってかかってしまったというわけなんです。

✤「資本主義社会の正解」が見えなくなった

マツコ　昔は資本主義と社会主義があって、資本主義が社会主義よりなんとなくいいという空気感が世間にはあって、そのうえで一部の富裕層がいるっていう社会のなかでみんなが仲良く公平にやっていける道があったはずなんだけど、それを象徴していたのがアメリカという国だったわけよね。

でも、「資本主義って弱肉強食の世界で、強者と敗者がハッキリ分かれ、世界に公平なんてものはないんだよ」っていうのが、アメリカの大統領選挙に反映されたと思うの。もちろんトランプ氏がこれからどんな政治をやっていくのか、あるいはアメリカ国民を本当に幸せな方向に導いてくれるのかはわからないんだけど、もしトランプ氏が大統領になってから「結局、状況はまるで何も変わらなかった」なんてことになったら、「あれ？ それなら資本主義社会の正解っていったい何なんだろう？」ってみんなが困惑するんじゃないかしら。

冷戦時代から続いた「何が正義なのか」の部分の正解なんて、結局のところはないんだから、トランプ氏の政治が失敗してしまったら、「アメリカ国民は、次はどんな選択をするのかしら？」っていう興味はあるわよね。「みんな平等である」っていう考えはなくて、トランプ氏の政策に賭けてみたものの、それも違うなんてことになったら、次の選択はヒラリー氏でもなく、トランプ氏でもない、次世代の思想を持った人を選ぶしかないなんてところまで、アメリカは追い詰められてしまうかもしれないわよね。

その一方で、「アメリカのやり方では世の中はよくならない」なんてことになったら、じゃあ中国はどうなの？　ひょっとしたら資本主義と社会主義がミックスされた中国のやり方がスタンダードになって、それが一番正しいなんて言われてしまうかもしれないわよ。

武田　たしかにそういう一面もあるかもしれません。今回のアメリカ大統領選挙におけるトランプ氏の勝利は、日本にとっても驚きの結果となりましたが、世界からしても驚異に映ったでしょうからね。

マツコ　実際にロシアが日本に急接近して、大統領選挙の前に北方領土を巡っていろいろ駆け引きしていたようだけど、トランプ氏が当選した途端に、「日本にはもう用はない」っていう空気になっているじゃない？　そうなったときに、「じゃあ日本は中国と仲良くすべきなのかな？」とか考えてしまうわよね。

もちろん霞が関のみなさんは今後、どういった外交を展開していくか考えていくんだろうけど、本当に世界情勢というのがわからなくなってしまったわ。

武田　今回のトランプ氏とヒラリー氏との選挙戦の最中、二人の討論会が開かれましたが、トランプ氏が11年前に「女性というのはお金さえあれば何とでもモノにできるんだ」と暴言を浴びせたという話が出てきましたよね。世間の人からは、「なんて言葉を口にしたんだ！」とトランプ氏にバッシングを浴びせましたが、私に言わせればヒラリー氏のご主人（ビル・クリントン＝第42代アメリカ大統領）は大統領職にありながら女性と不倫していて、それが公になって世間を大騒ぎさせたにもかかわらず、ヒラリー氏は離婚という選択肢を選ばなかったわけです。

そうなるとアメリカ国民の間でも、「いったいどちらが男女の倫理についてきちんとしているんだろう？」と考えさせられたと思うんです。それだって今回の選挙結果に関係がなかったとは一概に言い切れないですし、むしろこうした比較ができたことも、双方の選挙に大きく作用したと考えるべきでしょう。

✤ 先入観は身近なところで起きる

武田　ここでまったく違う視点のお話をしていきます。太陽は東から昇って、西に沈んでいく。どう見たって、太陽は動いているんです。

ところが、小学生に「太陽は動いていると思う？」と聞いてみると、「いいえ、地球が動いているんです」と答えます。目で見る限りでは、太陽が動いているように思えるのに、太陽ではなく地球が動いていると思えてしまうのは、私たちの頭のなかに「太陽系」という知識のプリズムがあるために、「地球が動いているんだ」と錯覚してしまうのです。

ですから太陽が動いているのを見て、「地球が動いている」というのですから、これは異常な状態であるといえます。人間の思考というのはそういうものなんです。

たとえば今、目の前に置かれている飲み物がコーヒーだと言っていますが、これが本当にコーヒーかどうかなんてわからないんです。

マツコ　「コーヒーだ」って言われているからコーヒーだと言っているだけってこと？

武田　そうです。何度も飲んでいて、「コーヒーは苦いもの」って言われているからコーヒーと呼んでいるだけであって、目で見たものは決して事実ではないということは、往々にしてあるんです。

私が大学で学生の研究データの結果報告会を行っていたときに、「この実験データはおかしいんじゃないか？」と聞いたら、「実験したらこの数値結果になったわけですから、それは傲慢すぎませんか」と反論されたことがありました。

しかし、私は実験データの数値結果だけを見ているわけではありません。実験するにあたってどういう比較をしていたのか、またそれは適正だったのか、他に比較する実験はないのか、またそれによって結果が変わってしまうことが考えられないか。こういったことまで頭を張り巡らせて実験データの結果を考察していたのです。

つまり実験の精度からすると、学生が提示してきたデータ結果では「甘い」。その点を学生はまだわかっていないので、私がどうすればより信憑性の高いデータになるのかを指導するのですが、こうした間違いや早とちりというのはよくあることなんです。

そこで先ほど話した太陽の話に戻るのですが、昔、地球は平らだと考えられていたんです。今から思うと稚拙な考えだと思われるかもしれませんが、昔は真剣にそう思われていたんです。

そして、太陽は毎日東から昇って西に沈む。間違っても西から昇って東に沈んでいくなんてことはありません。どうしてこうなるのか、この話は12世紀ごろの話であり、当時はいろんな解答があったのですが、多くの国が「太陽は朝、東から昇って西に沈む。そして、次の日、新しい太陽が東の土でできて、東の空から上り、そして夕方、西に沈んで土に帰る。これを毎日繰り返すんだ」という説明に納得してしまったというのです。

つまり、土台の考えが間違っていたら、すべて間違えてしまいます。ですから人間は正しいことがわかるのではなくて、今までの先入観によるものを「正しい」と思って、納得できるものを正しいとしているのに過ぎないのです。

たとえば今から平安時代にタイムスリップして、紫式部に携帯電話を渡して、「これで光源氏に電話してください」と言ったら、紫式部は必ず「あなたは悪魔ですか？」と返されるはずです。もちろん紫式部でなくても、静御前に携帯電話を渡して「これで源義経に電話してみてください」というのでも構いません。静御前だって紫式部と同じように「あなたは悪魔ですか？」と言うに違いありません。

マツコ　たしかに平安時代の人に携帯電話を渡して、「これで相手と話ができますよ」と言ったって、誰も信じないわよね。

武田　ところが平安時代に「あなたは悪魔ですか？」と言われていたことが、現代では「正しい」ことになるわけです。それを踏まえて考えていくと、今、私の生きている時代に「正しい」と言われていることは、100％間違っているものを納得しているのに過ぎないのです。今は「正しい」と思うことを「正しい」と答えるしかありませんが、それが決して「正しい」ことではありません。なぜなら「正しい」ことを決めるだけの論理が人間にはないからです。

✤これからの世界は、本音をさらけ出して生きていく

マツコ　世の中の人はみんな建前と本音で生きているわけじゃない？　それが当たり前だと思っていたのに、今は「本音だけでいい」ってことになってきたんだよね。

それには今がネット社会だってことも大きいと思う。ネットを通じていろんな情報を入手し、またいろんな人と話ができるわけだから、「思った通りに生きりゃいいじゃん」っていう民衆の考えが浸透して、そうした考え方が今回の大統領選挙にも影響したと思うの。

今までは「どうやったらみんなが幸せになれるか」というのを机上の理論のもとに実践してみたんだけど、どれもうまくいかないってことがわかっちゃったワケ。つまり、各国が「どうやったらみんなが納得する平和な世界を造れますか？」というのを議論するのではなくて、「オレはこういうふうにやっていくんだ！」というのを出し合って、そこでみんなが我慢できる社会が始まったのかなという感じよね。

武田　グローバリゼーションと言いながらみんなが苦しんだり、結果が出ていないわけだから、ありのまま生きるのでもいいじゃないかと。時代全体が変わっていく過程に今はあ

ると見て間違いないでしょう。

つまり、今回のテーマでもある「先入観」で言えば、「一生懸命働いていれば、やがてはみんなが幸せになれる」というのは単なる先入観であって、「これからは理想ではなく、現実を見据えた行動をするのがよい」ということに、多くの人が気づいたってことではないかなと、私は思うんです。たとえるなら、これまでモヤモヤしていた景色がサーッと晴れて視界が良好になったという感じですね。

このことはお隣の韓国だって同じことが言えます。韓国では朴槿恵大統領の周辺を巡り、さまざまな問題がクローズアップされていますが、こうした問題が社会問題にまで発展したのは、韓国社会全体が歪んでいた証拠でもあるのです。

その最たる例が、韓国における受験勉強の目的です。本来、大学合格を目指すのはお金持ちになることではなくて、さまざまなことを学んで自分の人生を豊かにするために勉強するのです。

ところが、いつの間にかアメリカ文化の影響を受け、大統領が強大な権限を持ち、庶民が「大学に合格すればお金持ちになれる」と言っては山ほど知識を詰め込んで勉強したものの、それが幻想だったことに気づいたわけです。

たしかに急速に発展して先進国の仲間入りを果たした背景を考えれば、国民全体が無理を受け入れ、必死になって「今よりよい暮らしをしていこう」と躍起になってしまったのは、ある意味仕方のないことだと思います。ただし、どんなに頑張っても、「今よりよい暮らし」を手に入れることは無理だということが判明したのですから、韓国はこれから先、急激に変貌していくと私は見ているんです。

✤不透明になった日本の目指すべき道

マツコ　でもそうなってくると、日本ってもはや先入観すら持っていないってことが言えるんじゃない？　たとえば中国は「みんなで超大国になろう！」と人民が手を取り合って一丸となっているんだけど、これも「超大国になる」っていう先入観がいい方向に動いているからだと思うの。

そうなると、日本はどんな国を目指していたのかもよくわからないし、自分たちがどんな国の状態の中で生きているのか、実感すらないなかで生きているから、アメリカや韓国、中国と違って、日本ってどんな先入観があって、何をきっかけにそれが壊されるかわからないから、日本が新たな世界に変わらなければいけないタイミングって、いつ訪れるんだろうって考えちゃうわよね。

武田　日本は「武士の魂」や「もののあはれ」という思想のなかで江戸末期までは生きていくことができたんです。私がよく例で挙げるのが、「川の渡し」。昔は下流の大きな川ともなれば、橋をかけることは困難だったので、船頭さんに10銭を渡せば、舟で向こう岸まで運んでもらうことができました。ところが、世界中で過去、川の渡しの金銭を船頭がごまかさなかった国は、日本だけだったという記録が残っているのです。

それともう一つは、旅行者がある農家の軒先を訪ねて、「お茶を一杯ください」と言った際、「ウチはあいにくお茶っ葉がないので、お水でよろしいでしょうか？」と湯呑み茶碗に水を入れて渡す。それを旅行者がゴクゴクとおいしそうに飲み干すと、お礼にと言って小銭を渡そうとする。けれども、「いいえ、お水は簡単に汲めますから、お代をいただくことなんてできません」と言って農家のおかみさんは受け取らなかったのです。こうした日本独特の文化が江戸時代頃までは存在していました。

ところが日本はその後、明治維新と太平洋戦争によって日本の古き良き文化が壊されてしまった。明治維新で西洋の文化が入ってきて、アメリカを含む連合国との戦争で負けて精神面が混乱してしまった状態で、「当面立ち直れない」と言われていました。

それでも高度経済成長期を経て、1980年代には日本はアメリカを抜いて世界一の経済大国となった。そして今は戦争を知らない、体験したことのない世代が圧倒的に多くなり、「過去の歴史などあまりよく知らない」層の人たちが社会を支配している。こうなるとたしかに日本はこの先、どう進んでいくんだろうという疑問はありますね。

✤日本が変貌するのは今から50年先である

マツコ　アタシは戦争は知らない世代だけど、武田先生のおっしゃるように、日本は外国の文化を取り入れて生きているというコンプレックスと敗北感のある国だと思うのね。
最近の日本のカルチャーと呼ばれているものを見ると、たとえばアニメなんかは日本の最先端であると言われているけど、アニメに出てくる日本人の顔をよく見てみると、日本人なんだか欧米人なんだか判りづらい顔が描かれていて、それが主流となっているのよね。それだって「日本の文化なんだけど、どこかで欧米感を出さないといけない」などと勝手に思ってしまっているだけなのかもしれないし、根底には日本人としてのコンプレックスがあるのかもしれない。

たしかにアニメって昔は一部の層しか支持しないマイナーなものとして描かれていたんだけど、今はアニメが文化になって生きていく土台ができているわけじゃない？　でもそれを日本の文化であるかどうかを考察するときに、私は戦後27年目に生まれた人間だけど、「日本はアニメの文化である」という言葉にはいささか違和感を覚えるのよね。

でも、今20歳の子だったり、10代の子っていうのは、アタシのようなフィルターがかかっていない状態でずっと育ってきているわけだから、あまり精神的に混乱するっていうことはないのかもしれないわね。

武田　マツコさんのおっしゃる通りで、私たちの世代が生きている間は、精神的に混乱した社会というのは続くと思っているんですよ。私は戦中生まれなのですが、ほぼ同世代の友人というのは、90％が「私たちは戦争をしてしまい、たいへん申し訳なかった。謝ります」という贖罪の考えをよしとしているんです。私はそうした思想はないですから、彼らから言わせれば「武田はけしからん」とお叱りを受けてしまうのもまた事実なんですが（笑）、日本が太平洋戦争の傷を引きずっているのは、彼らの思想によるところが大きい。
そう考えると、今の日本の混迷している状況を打破するには、まだまだ時間がかかるかもしれないんです。

マツコ　たしかにまだアタシですら、「戦争で負けた」という残り香を嗅ぎながら生きているし、アタシの世代が今子育てをしている状況を考えたら、日本が新たな道に進んでいくことを期待するなら、あと50年くらいは、日本は今の状態のままかもしれないわね。

武田　ですから今回の大統領選挙でトランプ氏が当選したというのは、ものすごい衝撃とともに、「アメリカ国民も想像以上に現状にイライラしているんだな」ということが見てとれますね。

それに加えて、ニューヨークの株価が下がらないということは、心の奥底で「今回の大統領選挙の結果はよかった」と考えているからだと私は思っています。口ではなんとでも言えますが、お金の動きというのは本心を表しますからね。多くの人が「これで将来は明るくなるかもしれない」と期待しているのではないでしょうか。

日本でも２００９年に民主党が政権を握ったとき、株価は上がりましたが、今回のアメリカはそれと同じ現象かもしれません。ですからもしトランプ氏が失敗したら、アメリカも日本と同じ状況になると思います。

マツコ　アメリカは今が正念場よね。期待値もものすごく大きいと思うけど、いざ新政権が船出して、何かの拍子で大バッシングを受けるなんてことがあったときに、アメリカ国民はどう感じ取るのか。それでもトランプ氏を応援するのか、はたまた日本と同じように叩くのか、そのあたりはこれから見極めなきゃいけないんでしょうね。

日本との関係だってトランプ氏は日米同盟をどう考えていくのか。選挙戦の最中はかなり過激なことをおっしゃっていたようだけど、すべて彼の思う通りには事は運ばないでしょうから、まずはお手並み拝見という形で注意深く見ていくしかないかもね。

✤間違った先入観を作り出してしまう人たち

マツコ　人間って、人に対してもそうだし、物事の捉え方もそうなんだけど、すべて先入観を持って注視していくから、「心のなかの言葉を出そう」と思って紡いでみても、結局は「アメリカってリベラルな国であって、本当は変わりたくないんでしょう？」って頭の片隅で考えていたりもする。だからこそ、今までアメリカに抱いていたイメージを払拭する、あるいは先入観を取っ払うというのは難しいことなのかもしれないわね。
武田　私は教育者だから本当はこんなことを言ってはいけないんでしょうけど、学力がある人ほど、あるいは地位があって偉い人ほど、組織に入っている人ほど、先入観を強く持っているものなんです。つまり、「○○が正しい」と言えば、右に倣えとなってしまう。本当は「○○は正しくない」かもしれないのに、疑って考えたり、あるいはナナメからモノを見るようなことはしない。

ですから芸術家や組織に属さずクリエイティブな仕事をしている人というのは、真実を見ているんです。いわゆるエスタブリッシュメント（国家や政府機関、支配階級などの意味）というのはウソの塊なんだから、そうした人たちの言うことを信じてはいけない。

大学で学生たちを教えていて、以前、こんなことがありました。卒業論文の発表会があって、私が学生に質問すると答えに窮してしまう場面がしばしばあった。けれども、これは仕方ないことなんです。論文の内容でどこに落ち度があって、あるいは不足しているかは学生はわからないものですから、そのあたりを指摘すると、「すみません、もう一度調べてみます」となります。

ところが、修士論文、博士論文と論文のレベルが上がってくるにつれて、たとえ論文に落ち度や不足があったとしても、学生たちはソツなく答えられるようになっている。場合によってはウソをついてまで自分の意見を通そうとする者もいる。つまり、自分にとって都合のいいことを言うのが、わずか数年ですが、年月を経てうまくなっていってしまうのです。

そうなると、私たちは「いったい彼らに何を教えていたんだろう」と疑心暗鬼になって、彼らの発表内容を聞いていられなくなってしまう。彼らは「こう質問されたらこう返そう」と言葉のテクニックのレベルは上がっても、論文の内容は向上していない。これではいったい何のための論文の発表会なんだろうと情けなくなってしまいます。

人間の頭脳というのは、プライドを守ろうと考えることがたびたびあるのですが、こうした学生たちが学者や学校の先生となったり、メディアの世界に入ったりすると、自分たちの都合のいい情報だけを一般の人たちに広く垂れ流そうとする。そうして間違った先入観を植え付けられてしまうんです。

マツコ　じゃあアタシがテレビで言っていることは何なんだろうって考えてしまうけど、私たちが常日頃から話していることはすべてがその場しのぎなのかもしれないわね。

✤予定調和を崩すのはアドリブ対応が一番

武田　実は今日、せっかくマツコさんにお会いしたから聞いてみようと思っていたんですが、テレビに出ていて台本にないアドリブを言わなければならなくなったとき、どう対処されていますか？　私はテレビに出るときは、「ここで話そう」「この話が終わったらひとこと言おう」と、タイミングをうかがっていたりするんです。

でもマツコさんはいつも私が考えているタイミングよりワンテンポ速く会話される。ですから私はマツコさんのコメントの情報を頭に入れて、それから私が話すというのが、ここ最近の流れとしてあるんです。

マツコ　『ホンマでっか!?～』に関して言えば、（明石家）さんまさんの番組なので、一歩引いてコメントするように心がけているんだけど、アタシがメインの番組でも一切台本なしでやっているの。いわゆる進行台本があるだけで、「こう動いたら、こうしてくださ い」って予定調和というか、予定通りに動くっていうことがアタシはできない人なの。

「今日はこのテーマで進めます」「今日はこのゲストが来ます」という情報だけはあらか

じめ聞いておいて、あとはその場で感じたことや聞いたことだけで話を進めていくんです。ただ、それがテレビの番組として100％正しい作り方であるとは思っていないし、あらかじめ台本がキチンと用意されていて、それを基に進めていくっていうやり方だってアリだと思っているの。

武田　私も大学で学生たちを教えていましたから、決められた事柄を進めていくよりも、アドリブで進められるほうが性に合っていると思っているんです。ですからテレビ番組の収録中に、スタジオで使われる看板ペーパー（以下カンペ）を出されると耐えられません。なぜならカンペを作る際には、質問と答えを私のほうで事前に用意しなければならないのですが、それを考えるのが移動中の新幹線や飛行機、あるいは自宅や宿泊先のホテルの一室だったりするので、そうした場所で考えた質疑応答などは、テレビなどの現場では口にすることのない、通り一遍の内容になりがちなんです。

ところが、スタジオに入って収録が始まると、臨場感から次々といろいろな話題が浮かんでは話し、浮かんでは話しを繰り返す。そんなときに前日の夜、ホテルで考えたカンペを出された日には、「今はその話題じゃないでしょう」と苦笑いしてしまうことがしばしばあったんです。

マツコ　パネラーで控えていらっしゃる先生方は、いろいろな回答を出さなければならない立場だから、事前の打ち合わせは必要でしょうけど、アタシは下手な知識があると邪魔になることがあるから、アドリブって大事にしているの。
　たとえば情報番組でスタッフと出演者で「今日はどんな話をしましょうか」と打ち合わせをしてしまうと、「それを絶対に言わなきゃいけない」ってことと、「今のタイミングでアタシにそれを言わせるの？」っていう流れになってしまうから、変なテンションを抱えたまま番組が進行してしまって、結果的に面白くなかったってことにはしたくはないの。だからアタシは極力、事前に打ち合わせをしないようにしているから、その点は武田先生と近い感覚だと思うの。
武田　アドリブで対応するほうが面白いものが出てくる。たしかにその通りだし、マツコさんはそういうタイプの人なんじゃないかなと、私は思っていました。
マツコ　キッチリネタを作らなければならないコント番組やドラマなんかは台本が必要でしょうけど、こういったバラエティは好き勝手にトークを繰り広げていいと思うし、もっともっと自由度を広げた話を繰り広げたっていいんじゃないかしらって気がするの。
武田　その点で言えばさんまさんのトークは卓越した芸ですよね。「おっ、このタイミングでそれが来たか！」って驚くこともたびたびあるんです。もちろんさんまさんが長年の経験から引き出されるものもあるんでしょうけど、『ホンマでっか!?〜』は真剣勝負の場として私もアドリブを楽しんでいます。

✤マスコミが取り上げる情報をどう考えるべきか

武田　最後にマスコミについてです。私はこれまで環境に関するテーマで全国各地を飛び回って講演会を行っていましたが、必ず聞かれるのが、「マスコミのウソはどうやって見極めたらいいのでしょうか」ということでした。マツコさんはどうお考えですか？

マツコ　これって答えがないんだと思う。ときにはみんなで間違った情報に乗っかることってあるじゃない？「あぁこれは間違っているんだろうな」と心のなかで思いつつも、間違った方向で最後は悲劇的な結末になるように煽ることってあるでしょう？それはマスコミに限らず、一般の人もやってしまっているのよ。

たとえば「○○が不倫しました」と言ったって、「いやいや、誰が不倫しようが、私たちには関係ないじゃん」と心のなかでは思いながらも、みんなで不倫した人を再起不能になるまで叩くわけじゃない。あれって、真実を見抜こうとしている人のやることなの？ってアタシなんかは思っちゃうから、それをやらなくなってから真実を見抜きなさいよって思うの。

こうした情報操作にあなたたちも加担しているんだったら、この場合で言うところの不倫していることを知ったから何なの？　それって真実かどうかは関係なくて、あなたがどう思っているかってことでしょう？

たとえばテレビのニュースでこういう報道がありました。でもそれはきっと間違った内容だろうと思ったら、それがあなたの真実なの。もしそうだとしたら、ニュースは事実関係を放送してもらう機関であるってとらえていればいいんじゃないの。その事実関係が本当に事実なのか、あるいは自分の思いとどう違うのか。「この情報はウソだ」って思ったら、あなたはウソだって判断して、じゃあ真実はどういうことなのか、あなた自身で考えていきましょうっていうことを、みなさんで自由にやればいいんじゃないかしら。

あなたの気持ちがウソであってほしいと思えばウソになると思うし、その報道に合点がいけばそれは真実だと思うし、メディアってそんなものだと思うわ。

武田　メディアが世の中で起きた事件を取り上げて、一般の人たちもそこにワーッと群がって寄ってたかって叩いたりけなしたりして、「もうそろそろいいかな」と思ったら引き上げる。今はそんな風潮の世の中なんですね。

マツコ　真実の報道って昔からあったのかわからないし、みなさんが正しいと思っていることが真実かどうかもわからないし、本人の思っていることがあなたにとっての真実なのであって、そうでないことは真実ではない。そう考えればいいんじゃないかしら。

武田　とにかく今は昔に比べて、何かの事件にしろ、芸能人の不祥事にしろ、取り上げては終わって、また取り上げては終わるというサイクルが速くなっている気がします。新聞やテレビ、ラジオだけでなく、インターネットからいろいろな情報を知ることができるわけですから、昔からはびこる「〇〇だった」という先入観を取っ払って、「あなたにとっての真実」というのを見極めてもらいたいと思います。

あとがきにかえて――ガガーリンは「地球は青かった」とは言っていない！

２０１７年1月20日、アメリカの第45代大統領にドナルド・トランプ氏が就任しました。今から2ヵ月前に行われた大統領選挙の前、いったいどれだけの人がこのようなストーリーを予測していたのでしょうか。日本に目を向ければ、マスコミのほとんどはヒラリー・クリントン氏が有利という報道ばかりでしたが、その理由は、「政治家としての経験値ではトランプ氏よりも上」という、なんとも腑に落ちない曖昧な答えに終始していました。

しかし、アメリカの大衆はトランプ氏を選択しました。日本に限らず、世界中を驚かす結果となりましたが、大統領の選択ですら、今までの常識にとらわれない考え方が重要であることはもはや否定しようのない事実なのです。

思えば私たちは、良くも悪くも先入観を持って生き続けてきました。第1章でお話ししたように、生活していくなかで必要な先入観はありますが、持ってはいけない間違った先入観があるからこそ、判断に迷い、ときには損をしてしまうことだってあります。先入観をなくすことは難しいことですが、一度立ち止まってほんの少し考えてみることで、それまでとは違った答えを導き出すなんてことも、この先の人生で可能となるかもしれません。

かつて人類初の月への有人飛行を実現した宇宙飛行士のユーリイ・ガガーリンは、「地球は青かった」という名言を残したと伝えられていますが、実際は、「空は非常に暗かった。一方、地球は青みがかっていた」と言っていて、「地球は青かった」という言葉は、日本でしか知られていないのです。日本の常識が世界の常識であるとは限りません。日本の常識が世界の非常識ということだって往々にしてありますし、逆もまたしかりです。

たとえばエスカレーターは、東京を中心とした関東圏では、「左側に立ち、右側を空ける」のが常識とされていますが、世界では「右側に立ち、左側を空ける」のが一般的と言われています。マナー一つ見てもこれだけの違いがあるのですから、「○○だから当たり前だ」という先入観を疑うことで、今までと違った発想が生まれてくるはずです。

最後になりますが、本書の巻末対談でご多忙ななか、お時間を作ってくださったマツコ・デラックスさん、そして対談の実現にご尽力してくださった株式会社ナチュラルエイト様に、心より感謝を申し上げます。

２０１７年２月

武田邦彦

著者略歴

武田邦彦（たけだ・くにひこ）

1943年東京都生まれ。工学博士。専攻は資源材料工学。東京大学教養学部基礎科学科卒業後、旭化成工業に入社。同社ウラン濃縮研究所所長、芝浦工業大学教授、名古屋大学大学院教授を経て、2007年より中部大学教授。テレビ番組「ホンマでっか!?TV」（フジテレビ）、「ビートたけしのTVタックル」（テレビ朝日）、CS番組「虎ノ門ニュース8時入り！」「現代のコペルニクス」（DHCシアター）などに出演中。著書に『ナポレオンと東條英機 理系博士が整理する真・近現代史』（ベスト新書）、『「正しい」とは何か？』（小学館）、『身近な科学50のウソ』（PHP文庫）など多数。

SB新書 383

先入観《せんにゅうかん》はウソをつく

常識《じょうしき》や定説《ていせつ》を疑《うたが》い柔軟《じゅうなん》な発想《はっそう》を生《う》む方法《ほうほう》

2017年2月15日 初版第1刷発行

著　者　武田邦彦《たけだくにひこ》

発行者　小川 淳

発行所　SBクリエイティブ株式会社
〒106-0032 東京都港区六本木2-4-5
電話：03-5549-1201（営業部）

装　幀　長坂勇司（nagasaka design）

組　版　辻 聡

取材協力　株式会社ナチュラルエイト

編集協力　小山宣宏

印刷·製本　大日本印刷株式会社

ISBN 978-4-7973-8918-0